「トランプ復活」で世界は激変する

島田洋一×古森義久

かや書房

はじめに

島田洋一

古森義久氏に最初に会い、アメリカ政治に関する深い知見に接する機会を得たのは２００１年２月。私が拉致被害者家族会・救う会訪米団の一員としてワシントンを訪れた時だった。以来、バランスが取れ、勘所を押さえた氏の現場感覚から学び続けている。

ちなみに夫人で弁護士のスーザン古森氏も、救う会ワシントン駐在アドバイザーとして長年汗を流してくれている。拉致問題解決のための在米人脈作りでも夫妻の存在は欠かせなかった。

図らずも私は、２０２４年10月の総選挙に日本保守党から出馬して当選し、衆議院議員として活動することになった。今後、日米関係の健全な発展に尽くす決意だが、そのための土台として、日本におけるアメリカ認識の歪みを正す必要を痛感している。

日本のアメリカ報道は、現地の主流メディアのより単純化した受け売りがパターンとなっている。これは非常に問題である。アメリカの主流メディア(企業メディアともいう)は、ごく一部の例外を除いて、民主党の応援団ないし近衛兵の様相を呈して久しい。

特に、「批判には必ず応戦」を信条とするドナルド・トランプが政治の表舞台に登場して以来、米主流メディアの偏向は一段と異様さを増した。「反トランプ錯乱症候群」と揶《や》揄《ゆ》されるゆえんである。

日本のメディアや自称専門家はよく、トランプの出現以来アメリカの「分裂」が深まったと論評するが、そう見える一つの理由は、トランプを野戦司令官としてアメリカでは「戦う保守」が勢力として確立している事情がある。

例えば日本では、私の属する日本保守党を唯一の例外として、自民党から共産党まで「脱炭素原理主義」への迎合を続けている。LGBT利権法案も、ほぼ全会一致で国会を通過した。いずれも、共和党というまとまった保守集団が形成されているアメリカでは考えられないことである。

戦うべきところで戦うから「分裂」現象が生まれる。そして戦いの結果、トランプ共和党は勝利を収めた。「分裂」を明確にしたうえで、いかに勝利をつかみ取るか、日本政治はこの過程から多くを学びうると思う。

またアメリカの「分裂」は決して単純ではない。常に常識のバネも働いている。たまたま本書の原稿整理中に、ジミー・カーター元大統領の訃報が届いた。

カーターといえば「弱く暗鬱《あんうつ》な」大統領の代名詞で、在任中の混乱もさることながら、退任後の宥和外交も大いに問題で、「史上最低の大統領にして史上最低の元大統領」とも言われた。後を襲った「強く陽気な」ロナルド・レーガン大統領との対比は、あまりに鮮明であった。

しかし、そのカーターにも古き良きアメリカ人の一面があった。例えばニューヨーク・タイムズのインタビューで、同紙を含む報道の行き過ぎを率直にたしなめている(2017年10月21日付)。

「メディアは、過去のどんな大統領に対してよりもトランプにきつく当たってきた。何を言っても構わないという感じで、精神異常だ、何だと平気で口にする」

また、相当数のプロ・フットボール選手が、警察の人種差別への抗議などとして国歌演奏時に片膝を付いている問題についても苦言を呈した。

「彼らは別の形で抗議すべきだと思う。国歌が流れる間はすべての選手が起立している姿を見たい」

きわめて常識的な言葉である。

言うまでもないことだが、アメリカは一筋縄ではいかない。本書が、日本におけるアメリカ認識の歪みを正す一助になれば幸いである。

「トランプ復活」で世界は激変する

目次

第2章 バイデン政権の4年間は悪夢だった

第3章 米国マスメディアの落日

第4章 ウクライナ戦争、中東情勢は安定へと向かうか

第5章 「対中包囲網」「台湾有事」「拉致問題」にトランプは、どう対処する？

編　集●白石泰稔
装　幀●柿木貴光
著者写真●岩本幸太

第1章

「もしトラ」騒ぎ、米日の「反トランプ錯乱症」の愚かさ

「大接戦」だったはずが「トランプの大勝利」に

島田　アメリカ大統領選は、トランプが当選しました。日本のマスコミでは、トランプになったら大変だという、バイデン・ハリスの失政が目に入らないかのごときバランスを失した空騒ぎ的記事が飛び交いました。

当選後も、テレビでは五流のコメンテーターたちが「民主主義の危機」と騒ぎ、アメリカでもマスコミを中心にリベラル派（私の言葉では「うすら左翼」）が「反トランプ錯乱症候群（Trump Derangement Syndrome）」をこじらせ、日米に共通した病理が進行している印象があります。

古森　大統領選について、日本側での間違いから提起していきましょうか。アメリカでも間違えていますが、日本はもっと深刻に間違えています。何が間違っていたかというと、「識者」「専門家」と呼ばれる人たちの発言が事実と異なるわけです。

大統領選は、マスコミ報道や識者の発言では「大接戦」だったはずですが、フタを開ければ、「トランプの大勝利」「圧勝」に終わりました。なぜ間違ったのか。その背景としては、トランプに対する偏見と誤解が日本のアメリカ通とされている識者、その意見を反映する主要メディア、主に新聞とテレビで強いわけです。トランプに対する忌避《きひ》、トランプ嫌い、ネガティブな感情の主張はどういう構造かというと、二つあります。

一つは、声の大きい識者に「トランプは嫌い」という意識が根づいていること。「魅力がない、民主主義の敵、ヒットラーだ、嘘つきだ」とネガティブで主観的な評価を垂れ流して、事実を見ようとしないこと。自分の好き嫌いという主観的な発言は、一つの意見としていいとは言わないけれど、ご自由にどうぞという部分です。

そして二つめは、マスコミです。マスコミがその主観的でネガティブな発言を真に受けて、「トランプはもう力がない」「アメリカ国内でも弱い」と言い出したことです。2022年の中間選挙でトランプが立候補したわけでもないのに、産経新聞は大見出しで「最大の敗者はトランプ」と書いて、トランプはアメリカ国内で人気がなく、もうダメだという評価をした。マスコミの評価が間違っているわけです。

島田　アメリカの保守派は、トランプを引き下ろすためなら何でもあり的なリベラル派の振る舞いを「反トランプ錯乱症候群」と呼んできました。

古森　どういうことかというと、トランプが嫌いだ、憎い、いやらしい、という感情に押し流されて、冷静な判断ができなくなっている症状です。民主党、リベラル派の著名な評論家でありファリード・ザカリアという、ニューズウィークの国際版の編集長でワシントン・ポストにコラムを書いている人が、反トランプ錯乱症候群を認めています。「自分もトランプが嫌いだけれども、その感情によって見る目を間違えてはいけない」と書いている。

日本のマスコミは冷静な判断ができなかった結果、トランプは勝てないだろう、弱いだろう、ハリスが勝つだろうという見通しをどんどん立てました。これが、まったく間違っていた。選挙の結果、大差をつけて開票段階から一貫してトランプがリードして、接戦という要素はまったくなかったわけです。

島田　激戦7州を全てトランプが獲《と》りました。上院も勢力が逆転し、共和党が多数を得ました（53対47）。下院も共和党が多数を維持した。州レベルでも、知事と上下両院の計3機関を全て押さえた状態（トライフェクタと呼ぶ）の数で、共和党23、民主党15となりました。

大統領選の全米総得票数でもトランプがハリスに約230万票の差を付け、得票率ではトランプ49・4%、ハリス48・4%という結果でした。

トランプが最初に勝った2016年選挙では、総得票は民主党のヒラリー・クリントンのほうが多かった。州ごとに代議員（その州に割り当てられた下院議員と上院議員の合計に等しい）を勝者総取り方式で奪い合い、積み重ねていく米大統領選のシステムでは、代議員数で勝っても、カリフォルニアやニューヨークなど人口の多い左傾州で民主党が大きく票を得るとそうした逆転現象となるわけですが、今回は全米の総得票でもトランプが勝ちました。まさに、文句の付けようのない勝利です。

古森 アメリカの政治状況を把握することは、日本にとって非常に重要です。超大国アメリカは国際的にリーダーシップを発揮して、影響力を発揮する立場です。しかも、日本にとっては同盟国です。だから、アメリカで何が起きているかということを、正確に把握しなければなりません。それを、主流とされるメディアや識者が、大きく間違えたことは、大袈裟に言えば日本の運命にも関わってくる。遡《さかのぼ》れば、明治維新や第二次世界大戦の敗北のように、日本国の大変化は外部からの出来事を起因とするのですから、その外部の情勢の正確な把握は致命的な重要性を持ちます。

大東亜戦争を日本が始めたとき、明らかに国際情勢を誤認したと言えるでしょう。国際情勢やアメリカの情勢を見て、正確な情報をつかんだうえで、「戦争をするか、しないか」を決めるべきでした。この点、日本が戦争に負けてすぐ、戦略爆撃調査団というアメリカ側の調査団が来日して、日本側の首脳部がなぜ対米戦争に踏み切ったのかを調査しました。この調査団はマッカーサーよりも早く来て、アンコン号という小さな戦艦を東京湾に浮かべ、日本側の軍と政府の首脳をどんどん呼びつけた。どうして戦争をしたのかと聞いて、全体の見通しを立てる人間が誰もいなかったことが判明した、というわけです。

多くの常識的なアメリカ人は何を基準に投票行動を決めたか

古森　私は、この戦略爆撃調査団の副団長だったポール・ニッツェに1980年代、ワシントンでインタビューしました。彼はそのとき、「私は日本語を知らないけれど、絶対に忘れない言葉が一つだけある。ジリ貧という言葉だ」と言いました。なぜ日本が戦争に踏み切ったかの謎を解く鍵は、「ジリ貧」という言葉だと。「このままでは、日本はジリ貧になる。だから、戦争をする」という意識です。

島田 特に、アメリカから石油禁輸を受けたのは大きかった。当時、輸入石油の9割がアメリカ産でしたから。

古森 ところが戦争をして、勝てる見込みが少しでもあったのか、どう勝つかということを計算したのかとなると、それはまったくなかった。「ジリ貧」という言葉だけで戦争をしてしまう、それが事実だったわけです。大東亜戦争は日本側にも理由があって、別に悪の戦争だとは思っていないけれども、国際情勢の認識は今回のトランプについて、日本の主流とされるメディアや識者が言っていた間違いを見て、私がぱっと思い出したのは、この「ジリ貧」という日本の軍部の間違いでした。とにかく「ジリ貧」を避けるため、というだけで大戦争に突入していった。その背後には、国際情勢の正確な認識が決定的に欠けていたのです。

島田 特にヒトラーと同盟条約を結んだのは、極端な悪手でした。日本のイメージを大きく損ねた。

古森 それから戦後になっても、日本の左派、リベラル派とされる人がいかに国際情勢の認識を間違えてきたかというと、日本の独立を決めるときの講和条約のとき、朝日新聞に集約されたこの種の勢力は「全面講和でなければダメだ。単独講和はダメだ」と主張しました。全面講和とは、ソ連圏諸国も含む講和。単独講和とは、実は単独ではなく、アメリカ中心の自由民主主義諸国による多数講和でした。それを朝日新聞などは故意に「単独講和」と呼び、反対したのです。この主張に従っていたら、日本は長期間、独立を回復できなかった。ソ連に接近していたら、その後の世界でも大変な目に遭《あ》った。左派の主張は、国際情勢の正しい認識をあまりにも欠いていたのです。

それから安保条約です。安保改定は岸信介らの英断で行いましたが、日本の多数派は安保反対でした。あの時点で、もし安保を破棄していたらどうなったか。ソ連のほうに漂流していたでしょう。そのソ連は結果的に、崩壊しました。この安保反対も、国際情勢の不正確な認識の結果だったと言えます。

島田　危ないところでした。

古森　もう一つ、私自身も体験したベトナム戦争です。日本の主流メディアは「アメリカが帝国主義で侵略している」という基調で報じていた。だから、ベトナム人民はみんなアメリカを敵として憎んで戦っていると伝えていた。しかし南ベトナムの現地に行ったら、まったく違ったわけです。ベトナムの人たちはアメリカに「いてくださ い、守ってください」と望んでいました。私は南ベトナムに4年ほど滞在して、その実態をイヤというほど認識しました。

そこまで話を広げてしまうのも、やや乱暴かもしれないけれども、今回のトランプに関する間違いには、そういう日本の国際情勢の体質的、DNAとでも言える間違い、都合のいい自分の好みの方向に国際情勢の客観的な部分を踏みにじって、主観的に持っていくという危険な体質を感じたわけです。

島田 日本のメディアの多くは、アメリカの主流メディア(メインストリームメディア)のより単純化した受け売りに過ぎません。米主流メディアは民主党の応援団、さらには近衛兵と言うべき非常に偏向した存在です。

トランプとカマラ・ハリスの討論会を仕切ったのは、ABCテレビでした。司会者でありながら、トランプの発言に関してだけ、ファクトチェック(事実確認)と称して、その主張に反論していました。明らかに偏っていましたね。

古森 そうでしたね。

島田 リアル・クリア・ポリティクスという、アメリカの主要世論調査の平均値を出すサイトがあるのですが、それを見ていると、激戦7州でもずっとトランプが全てにおいて、あるいは多数においてリードという数字が出ていました。

イデオロギー的立場から投票する左派は、民主党候補であるハリスに入れると決めて動かない。一方、保守派はトランプと決めて動かない。結果を左右する無党派層は最終的に景気の問題、すなわちどちらが経済を良くしてくれるのかで投票行動を決める傾向が強い。日本でも同じです。

この点、最終盤における左翼紙ニューヨーク・タイムズの世論調査でも、経済政策の信頼度を問う項目では、トランプが20ポイント以上リードというデータが出ていました。そうした状況から、私はトランプがまず間違いなく勝つと見ていました。

選挙の最終盤に毒舌が売り物のコメディアンが、トランプ支持集会で「プエルトリコはゴミの島だ」と発言して、これでハリスが有利になったとコメントしている米主流メディア御用達の人間が何人もいた。ですが、多くの常識的なアメリカ人はインフレ対策、それから国境管理、治安対策などを比較して、投票行動を決めたわけです。

古森　それに、第1期トランプ政権には大きな実績がある。

島田　コロナ禍に入る前のトランプ第1期は景気もよく、黒人の失業率も史上最低でした。だから、通常は9割以上が民主党に投票するといわれる黒人層が、今回は2割程度がトランプに投票したと言われます。投票行動の一般的傾向に照らして自然に考えれば、トランプ有利という結論になるはずですが、まったく逆の報道も多かったですね。

古森 反トランプ錯乱症候群ですね。トランプをとにかく憎み、嫌う側が反トランプの悪口雑言《あっこうぞうごん》を感情的にぶつけるという傾向を、トランプ支持層は「錯乱した症候群」と呼ぶわけです。

島田 英語では「反」が付いていませんが、古森さんがおっしゃる通り「反トランプ錯乱症候群」と言ったほうが分かりやすいですね。

制度の違いがあって、議院内閣制の日本だと首相が国会の予算委員会などに出席し、単に因縁を付けるような詰まらぬ「質問」にもジッと耐えねばならない。トランプ的な反撃をすると野党が、撤回・謝罪するまで審議できないと国会を止めてしまう。

一度、辻元清美議員に「タイは頭から腐る」と捨て台詞を吐かれた安倍さんが腹に据えかねて、「意味のない質問だよ」と閣僚席でつぶやいたことがある。

古森 辻元が「誰が言ったの？」なんて怒って、もう審議できないとかやっていましたね。

島田　しかしアメリカの場合は大統領制なので、議会は議員同士の討論の場です。大統領が何を言おうが、それをネタに野党が審議をストップするなどできません。だからトランプは、誹謗中傷には10倍返しという姿勢で、遠慮なく発信できるわけです。特にトランプの場合、生き馬の目を抜くビジネスの世界で生きてきた人なので、ワシントン政界のしきたりなど無視し、言いたいことを言うスタンスです。

そのため既存のエリート政治家や民主党支持のメディアからは、非常に嫌われる。一方、市井の保守派からは、「我々が腹立たしく思っていたことを、はっきり言ってくれる政治家がついに現れた」と大いに拍手を浴びています。

古森　バイデン政権の4年間に、気候温暖化防止最優先主義でガソリン価格が高騰、アメリカに豊富にあるシェールガス・オイルなんかを掘削《くっさく》しない、と間違った政策に邁進《まいしん》した。それと、国境崩壊です。人権とか人道主義という看板を掲げて不法越境者がどんどん入ってくるのを認めました。その結果、全米各地で治安の乱れ、犯罪の増加、社会の混乱など、最悪の事態が起きました。このあたりはバイデン政権の明確な失政です。

島田　リベラル派を私は「薄ら左翼」と呼んでいますが、リベラルの牙城《がじょう》の一つであるニューヨーク市の動きが興味深い。数年前から、エリック・アダムズという警察官出身の黒人が市長を務めています。

メキシコと国境を接し、不法越境者が大量流入するテキサス州の保守派知事などが、「きれい事を言っている北部の都市も責任と痛みを分かち合え」と不法滞在者をバスに乗せて次々北送した。その結果、ニューヨーク市もついに音《ね》を上げるに至りました。バイデンの国境管理緩和（保守派は国境開放政策と呼ぶ）は明らかに間違いでした。

全体状況を見れば、不法越境者を相当抑えた実績を持つトランプが有利と見るのが自然でした。にもかかわらずメディアは、バイデン・ハリス推《お》し、トランプ引き下げの報道をした。案の定、メディアの希望と逆の選挙結果が出たわけです。

古森　アメリカで、今話題になっているのは、今回の選挙の最大の敗者の一つは主要メディアということです。ワシントン・ポスト、ニューヨーク・タイムズ、CNN、それに地上波のCBS、NBC、ABCも、みんな間違ったことを言っていた。世論調査の結果でいうと、確かにリアル・クリア・ポリティクスは、日本も引用するメディアが多かった。でも、リアル・クリア・ポリティクスは、実際は自分のところでは世論調査していない。全部、他の機関がやったデータを集めて、足して平均値を出すことをやっていました。だから、客観性はあるけれども、個別のメディアの中で間違いが起こった。データではなくて、個別のメディアで間違える傾向が非常に強いわけです。

島田 明らかに民主党推しのメディアから協力を求められても、保守派は怒りをもって拒否する。メディアのバイアスが調査のバイアスを生むわけです。

古森 2016年のヒラリー・クリントンがトランプと戦って負けたときも、メディアは「ヒラリーが勝つ」と言っていました。それから2020年にバイデンがトランプを打ち破ったときも、僅差だったけれども、「大差でバイデンが有利だ」と言い続けた。

日本のアメリカ通とされる識者の情報源

古森 世論調査機関はいろいろ見ているけれども、ラスムセンという世論調査会社が一番正しい。アメリカの大手メディアや日本のメディアがラスムセンのデータを取り上げることはほとんどなくて、どちらかというと共和党に有利な数字が出るからと毛嫌いする傾向があります。しかし、実態に一番近いのはラスムセンでした。

島田　大統領の支持率を、毎日全米スケールで測定して発表するのはラスムセン社だけです。

古森　つい最近までは、ギャロップとラスムセンの二つがずっとデイリーでした。デイリー・アプルーバル・レート、つまり毎日の支持率を発表していたのだけれども、2〜3年前からギャロップが財政上の理由でやめてしまって、ラスムセンだけが続けている。

2024年7月にバイデンが撤退して、7月の終わりからハリスが急に出てきた。そこから1カ月半ぐらいニューヨーク・タイムズは、もう天まで上がるという感じでハリスを褒《ほ》めちぎった。アメリカの新聞は、建前として報道と評論が分かれている。報道で客観的事実を伝えて、評論で自分たちの意見を伝える、という区別です。でも、区別が曖昧《あいまい》でニュース報道のところで、ハリスに関して「ジョイ（JOY）」という、喜びという意味の言葉が飛び交った。ハリスが出てきたのはジョイと書き続けて、一方トランプは陰気とか落ち込みとか、そんな言葉ばかりでした。だから、瞬間風速的にハリスがトランプよりも支持率が高いことは何度もありました。日本のメディアはその情報を真に受けて、間違いを報道したのでしょう。

世論調査は、まず、主体が民主党びいきのニューヨーク・タイムズとかワシントン・ポストが、どこかの大学とか世論調査機関と組んで、実施する。だから、トランプ支持者や保守支持者は、民主党主導みたいな世論調査にはあまり応じない。今、世論調査はどういう形でやるかというと、まだ電話をかけるという方法も多い。さらにインターネットでEメールを使う方法、実際に調査員が対象となる人々を訪問して質問するという方法も残っています。

島田　リベラル傾向が強いマスコミの世論調査は、構造的に民主党をプレイアップ（上げ底宣伝）する。

古森　ハリスがどんどん調子よくなって、トランプはダメだという基調がずっと流されていたけれど、それが大きく外れてしまった。日本の主要メディアはトランプが負けた敗者という論調を打ち出していた、少なくともにじませていた、その間違いは正々堂々と反省してもらいたい。でも、そういうメディアや人は反省しないのが年来の特徴ではありますけどね。

島田 近年では珍しく、誰も文句が付けようがない形でトランプが大統領選に勝利し、国民の信託を得たのに、主流メディアに反トランプ姿勢を改める気配は見られません。アメリカの大手テレビで共和党寄りと言えるのは、FOXニュースくらいでしょう。

古森 FOXテレビは一貫してトランプ支持ですね。

島田 民主党寄りのCNNとFOXの視聴率を比べると、圧倒的にFOXが高い。

古森 CNNの影響力はアメリカでは、あまりありません。ただ、日本には影響力がある。日本のアメリカ通とされる識者は、みんなCNNを必死で視聴しています。それで大手新聞の中では、ウォール・ストリート・ジャーナルが共和党べったりではないけれども、中立の保守寄りです。民主党を批判するし、時にトランプのことも批判します。新聞は圧倒的にみんな民主党びいきで、唯一ニューヨーク・ポストというタブロイド新聞は、ニューヨークにおける不法入国者の犯罪を積極的に取り上げている。それから、ワシントン・タイムズは元統一教会が関わっていたので、もう信頼性がないと言われていますが、そんなことはなくて、今は保守派の立場で報じています。

日本のジャーナリスト、識者は保守の情報を見ていません。トランプ直属の研究機関アメリカ第一政策研究所というのがあって、そこがトランプの政策を発表しています。だが、そこに光を当てた日本側のメディアや識者は少ない。とにかく全体を見ないで、自分たちが思い込んでいる絵図を頑《かたく》なにプッシュしています。そろそろ、「いい加減にしたらどう？」と言いたいくらいです。

島田　ＮＨＫがニュースの配信契約をしているアメリカのテレビは、ＡＢＣ、ＣＮＮ、ＰＢＳです。全部、民主党応援団のメディアです。私は以前から、このうち一つを外して、ＦＯＸに変えろと提言しているのですが、まったく聞く耳を持ちません。国民から視聴料を徴収して、意図的に海外左傾メディアのニュースばかり流すのは非常におかしい。

マルコ・ルビオについては「対中強硬派」の一言で終わり

島田　産経新聞も、客員特派員で大御所の古森さんは別格として、ワシントン駐在の記者が３人います。そのうち支局長を含む二人の記者は、わりとバランスの取れた記事を書く。

しかし、もう1人の大内清記者は、完全にアメリカの左派メディアの受け売りで、著しくバランスを失しています。トランプをとにかく、けなしたり、当てこすったりの繰り返しです。

一方、ハリスに対しては非常に甘かった。私は何度もSNSで実名を挙げてその偏向ぶりを指摘し、改善を求めました。しかし、一向に改まらない。産経社内のチェック機能がどうなっているのかと、強く疑問を感じざるを得ません。現に、大内記者の記事を見て、産経新聞の購読を止《や》めた人も少なくない。産経には優秀な記者も多数いるのに、なぜこうしたおかしな記者に、注目度の高い米大統領選の記事を書かせ続けたのか。不可解な自殺行為でした。

大内記者はポピュリズムを「大衆迎合主義」と訳したうえで、トランプ現象を説明する。ポピュリズムという言葉には、一般庶民の思いを大切にする大衆重視主義だとか、大衆に直接アピールするとか積極的な意味もある。「迎合主義」というとマイナスのイメージしかありませんが、それをトランプに当てはめる場合の定訳にしてしまっている。「トランプはポピュリズム、大衆迎合主義だからよくない」と書き続けています。

関連してもう一つ、「民意偏重」なる言葉。「民意をテコに権力掌握を進めるポピュリズム（大衆迎合主義）」といった表現でトランプをけなす。しかし基本的に民意は大事であり、また多様です。「民意偏重」とは、要するに、トランプが掬《すく》い取るタイプの民意は「バカの民意」だから気に入らない、というだけの話でしょう。それなら一体どこがバカなのか、中身、すなわち政策の是非を正面から議論すべきです。

ところが、トランプはハリスに「『共産主義者』のレッテルを貼るイメージ戦略に活路を見出そうとしている。政策面で攻め手を欠く現状の裏返し」などとイメージ的に揶揄《やゆ》するだけ。国境管理、インフレ対策、エネルギー、トランスジェンダーなど、トランプ陣営が「政策面で攻め手」を次々出していたことは目に入らないらしい。ところが結局、トランプはこれらの政策で選挙に勝ったわけです。

ついでに言うと大内記者は、「トランプ氏はメディアへの露出機会を増やすのに躍起」と批判していましたが、その点はハリスも同じであり、候補者なら当たり前でしょう。要するに批判の対象にならないことまで、トランプの場合には批判する。あまりに偏向が露骨すぎて、ハリスの広報担当にも雇ってもらえないのではと感じたほどです。

古森 マルコ・ルビオが出てきて国務長官に任命されました。彼のことを日本のメディアは「対中強硬派」の一言で終わりです。島田さんならよく知っているはずですが、マルコ・ルビオはすごく親日派なわけです。ところが、安倍晋三首相とすごく親しくて、中国に対しては厳しく、韓国にも意外と厳しい。2013年12月に安倍晋三さんが靖国神社に参拝して、オバマ政権が「失望した」という声明を出した。それで安倍さんが落ち込んだとき、マルコ・ルビオが上院議員、外交委員会の大物として来日して、安倍さんに「靖国に行くのはいいことだ。中国などに屈しちゃいけない」ということを言っている。

島田 そうでしたね。

古森 「アメリカの政権が、同盟国の民主的に選ばれた首脳がやっていることを、『失望した』なんて言うこと自体が良くない」と、はっきり言っているわけです。だから、そういう考えを持った人が国務長官になることに、1行か2行ぐらい言及があってもいい。それを「対中強硬派」なんて一言で断じたら、今のワシントン全部が民主党を含めて「対中強硬派」ですよ。日本のメディアや識者はあまりにも単純というか、底の浅いアメリカの国政を見る認識なのです。

島田　マルコ・ルビオは、尖閣諸島を「はっきり日本領土と認めろ。それ以外の態度は何ら建設的な結果を生まない」と一貫して主張しています。これはアメリカの政界では少数派です。

アメリカ政府の公式見解は、「尖閣諸島は日本の施政権下にあり、したがって、安保条約第5条（共同防衛）の適用範囲とみなす」、ただし「最終的な領有権については、アメリカは特定の立場を取らない」というものです。

古森　連邦議会議員のほとんどが、まず尖閣のことをよく知らないでしょう。

島田　わずかながら知っている人でも、政府の公式見解に特に異を唱えません。その中で、はっきり「日本領土と認めるべきだ」と主張してきたごく少数派の上院議員であるマルコ・ルビオが国務長官になるのは大きい。

尖閣の領有権で米政界関係者の多くが曖昧な態度をとる理由の一つは、同じく友好国である台湾も尖閣の領有権を主張している事実です。台湾をないがしろにするのはどうか、というのが一つ。しかし、より重要なのは北京に忖度《そんたく》して、尖閣をはっきり日本領と言わない風潮があることです。

その中で、マルコ・ルビオは「日本領と認めるのが、最も常識的で正しい対応だ」と主張してきました。だから、ルビオが国務長官として、尖閣をはっきり「日本領土だ」と言えば、非常に大きなことになります。

古森 日本にとって、大変ありがたいことです。

島田 ところが日本のメディアは、この点にあまり目を向けない。

古森 国益にまったく触れないで、「対中強硬派」で終わり。ちょっと、まずいですよね。それと、マルコ・ルビオは非常に知性的な人です。政治経歴としても、2015年~2016年の予備選でトランプと戦った。いい勝負をしていましたが、最終的にはトランプに勝てなかった。マルコ・ルビオは身長があまり高くない。だから、いつもトランプは「リトル・マルコ」と呼ぶ。これで、やられてしまった（笑）。

島田 日米関係について、彼は本質的なところを見据えている。だから、対中認識も、単に対中強硬派という簡単な言葉で済まない深いものがあると思います。

古森 彼が最近、アメリカと中国の対立は、単に政治的な対立ではなく、「文明の衝突」だと言い始めた。両国の文明の衝突だと。だから、日中の衝突も、文明の衝突かもしれない。そこまで深く考える人間を、ただ「対中強硬派」で終わりにする日本の報道には呆《あき》れました。

島田　マルコ・ルビオは、両親がキューバ難民です。人権問題に敏感なので、日本が中国の人権抑圧に目をふさいで迎合姿勢を取ったりしたら、逆に厳しく批判してくるでしょう。彼の親日姿勢は、日本が安倍首相のような筋の通った外交をすることが前提です。日本に優しいというわけではない。

特に今の岩屋毅外務大臣は北朝鮮にも、中国にも迎合する。どうしようもない男なので、ルビオには徹底的にバカにされるでしょうね。

古森　そうなるでしょう。

島田　人事は政策。任命権者である石破首相自身の認識がおかしいということです。トランプもルビオも、日本が逃げ腰、弱腰と見れば、遠慮なく追及してくるでしょう。

政策面ではカメレオンだったカマラ・ハリス

島田　カマラ・ハリスは、民主党が大統領候補としてバブル的に持ち上げましたが、副大統領として史上最低支持率を更新していた人物。基本的に、笑ってごまかす以外に能がない、作られたスターでした。

古森　28パーセントという最低支持率でした。

島田　バイデン大統領から国境問題担当に指名されましたが、国境崩壊の「顔」にされては困るとばかりに、「できるだけ国境に近づかない」姿勢をとっていました。無責任きわまりなく、「逃げ隠れ以外能がない」と言われたのも、もっともでした。

彼女に関して、「ガラスの天井を破る存在」と持ち上げたメディアや「識者」もいましたが、むしろ「ガラスの下駄を履かされた」存在だったと言えます。バイデンが彼女を副大統領にしたのは、黒人の血が入った女性で、上院議員の肩書を持ち、一見キャリアウーマン風という外形的理由だけでした。

古森　バイデンは本来、カマラ・ハリスを嫌っていますよね。

島田　２０２０年大統領選の際、民主党の予備選挙が正式に始まる前の候補者討論会で、カマラ・ハリスがバイデンを指差しながら「あなたは人種差別主義者」という趣旨で迫った。バイデンも色をなして反論していました。

カマラ・ハリスが本当に優秀なら、もっと早い段階で、「バイデンを引退させてハリスに替えよう」という声が民主党内で澎湃《ほうはい》と上がったはず。ところが逆に、ハリスに替えるぐらいならバイデンのまま行ったほうがマシという雰囲気でした。「ハリスでは到底トランプに勝てない。女性を出すなら、オバマ夫人のミシェルで勝負しよう」という声も、かなりありました。

古森 ハリスは無能ですよね。「笑ってごまかす以外に能がない」と言われていたのに、トランプとの選挙戦になって、急に素晴らしい政治家だとプレイアップするメディアが現れた。そもそも、無能なハリスで戦うのは無理がありました。

もう一つ、「女性にはガラスの天井があるから、負けた」という話がありますが、全然違います。女性だからトランプに勝てなかったのではなく、彼女自身に政治家としての能力・資質・実績がまったくなかった。でも、日本のメディアはそういうネガティブな面をほぼ無視して、天にも上がれと持ち上げた。ニューヨーク・タイムズなんかに追随して、いいことばっかり書いていましたね。

島田 カマラ・ハリスは、政策面ではカメレオンでした。基本的に左翼ですが、世論の風向きに応じて、言うことがコロコロ変わる。

古森 2020年にバイデンと戦ったときの選挙戦で、あまりにも支持率が低かったので、短期間で降りてしまった。そのときは「国境警備が厳し過ぎる。だから、もっと緩めろ」とか言っていた。「不法に入ってきた人たちは犯罪者ではない」と主張した。

それからフラッキングという、水圧を使って地下3000メートルのシェール層を突き崩し、石油と天然ガスを採掘する方法があります。ペンシルベニアあたりですごく盛んな採掘です。ハリスは、2020年の予備選ではフラッキングの全面禁止を主張したのです。ところが今回の本番選挙では、フラッキングOKと言う立場に逆転しました。

それから、国境警備も厳しくするなと主張したのを、同様に引っくり返した。

島田　「医療保険も国民皆保険にすべき」という、自由主義を掲げるアメリカでは批判の多い、社会主義的な意見を述べていたが、これも変えましたね。

古森　政策をまったく変えてしまった。この面に光を当てる日本のメディア報道は、ほとんどなかった。ただただ、褒めちぎるという。

島田　読むに堪《た》えない状況でした。

古森　まして、終わってから、「女性だから負けた」と言い出した。アイデンティティ・ポリティクスがあって、自分がどこで生まれたとか、何人だとか、どんな人種だという、それによって政治の在り方も決めていくのが民主党のリベラル派の特徴です。

島田　白人男性のバイデンも、ただ黒人の血が入った女性ということで副大統領に選んだ。同じレベルの白人男性なら、絶対に声が掛からなかったでしょう。

古森　そういう行動もリベラル派の特徴です。国境問題で、彼女は本当に何もしなかった。「国境、見に行け」と言っても、「行かない」と言う。そんな人物なのに大統領選挙の候補者としてのハリス報道に、日本の主要メディアは一切ネガティブなことを書かなかった。これも間違いの一つでしょう。

「ハリスはラフィング・サル（Laffing SAL）もどき」

島田　「トランプ勝利」が決まった後、ＳＮＳで「お通夜状態」というワードがトレンド入りしたと言います。日本でも、地上波テレビがスター扱いするコメンテーターの池上彰氏が、テレビ朝日系「ワイドスクランブル」で、「ニューヨークでもトランプさんの支持者がいるというのが劇的ですよね」と悔しそうにコメントしたと聞きました。私は見ていませんが。

古森 自分の予測が見事に外れて悔しかったわけですね（笑）。

島田 アメリカ人のテレビタレント「パックン」ことパトリック・ハーラン氏がトランプ勝利を受け入れられず、「トランプの第1次政権の4年間を思い出してください。2度も弾劾されている。金正恩と2度もラブレターの交換をしている。プーチンともラブラブな状態になっている」とコメントしたとも仄聞《そくぶん》しました。単純かつどうでもよい話で、このレベルの人物を使うテレビ局側の問題ですが。

古森 日本でお笑い芸人をやっている人物を、アメリカ人だからというだけでアメリカの国政を語らせている。極端なトランプ叩きで、極端なリベラル派びいき。客観性が何もなく、そんな人の言っていることをプレイアップすることがおかしいわけです。

デーブ・スペクター氏も、「トランプ支持者は愚かだ。バカなんだ、無知なんだ」と言い続けていて、呆れました。私は、アメリカのトランプ支持者の中で、スペクター氏より知性の高い人をたくさん知っていますよ。

島田 アメリカのCNNなどで「共和党が勝った州は、全米平均よりも大卒者の割合が低く、平均より高い州は民主党が強い」という解説もありました。事実とすれば、むしろ大学教育の問題でしょう。

古森　ある程度の事実かもしれないけれど、「だから、何なの？」ということです。ただし、そのトランプ支持層での学歴は大学卒の支持者が増えた統計があります。トランプを支持する人は愚かという、その勝手なプロパガンダ、デマゴーグ的な断定からの発信は、いろいろな表現の言い方があるわけです。その中の一つを採用し、日本の主要メディアが、そういうただの罵《ののし》り、叩きを報じていることが、メディアの判断力を疑わせる。

島田　日本もアメリカも、大学の社会科学教育は左翼に偏っているので、基本的に現実から遊離している。大学教育を受けた者のほうが認識力、判断力が上という発想は、社会科学分野に関する限り、間違いです。真面目に教授の教えを受け取る学生ほど、常識を失ってしまう。

古森　元外交官の宮家邦彦氏もよく、「トランプはナルシストだから」などと酷評していました。だが、こんな言葉には意味がない。何を根拠に、そんなことを言うのでしょう。「では、お医者さんの診断書を持ってきなさいよ」と言いたいですね。そういう情緒的なトランプ叩きが、あまりにも多いですね。稚拙な「印象操作」でしょう。

島田　トランプを罵れば知的と見られる、といった錯覚があるようですね。その宮家氏に、産経新聞社が2024年度の正論大賞を与えたらしい。大内記者に米大統領報道を託したのと同じ感覚ですね。

ナルシストといえば、難しい質問をかわすため、無関係な生い立ちの話に持っていくカマラ・ハリスのほうが現象的にはナルシストでしょう。

古森　自分のことばっかり。インドから来た母親がいかに苦労したかとかね。でも、そんなことは、これからアメリカがどうなるかということと全然関係がない。

島田　ハリスは、とにかくフリーな質問を受ける記者会見を開かない。自信がないためでしょうが、たまに左翼仲間と思って応じたインタビュアーから不意打ち質問を受けて返答に窮《きゅう》すると、大口を開けて空虚に笑ったり、「私は黒人の少女として差別の中で育った」などと話を逸《そ》らす。

古森　ハリスは言語表現能力が低い。相手が言っていることがわからないから、突然、トンチンカンなことを言い始める。だから側近は、なるべく自分の頭で、言葉で考えて語ることをさせない。討論会はずっと抑えて、インタビューもほとんどやっていない。返答に窮すると、「ワハハ！」と高笑いで笑い続ける。2分間、笑い続けた記録がある（笑）。日本のメディアは、そういうハリスの欠陥・欠点を一切報じませんでした。

島田　トランプが、ハリスのことを「ラフィング・カマラ（Laffing Kamala）」と呼んでいました。サンフランシスコの遊戯施設などに置かれ、子供が入ってくると、「ギャハハ！」とけたたましく笑って脅かす大きな女性の人形ラフィング・サル（Laffing SAL）をもじったものです。laffing は laughing（笑う）とやや違い、歪《ゆが》んだ笑いを指す言葉です。

古森　トランプ、上手いね（笑）。

島田　突然、不気味な笑い声を立てて人を不快にさせる女というわけです。

第2章
バイデン政権の4年間は悪夢だった

「アメリカ社会の分断」という解説は本当なのか

古森　バイデン政権になって、アメリカの社会が変わった。どういうふうに変わったかというと、いくつもある。柱では経済、それから不法入国者の激増。その結果として、治安の悪化。それから、警察力が弱くなった。

島田　民主党には、警察は構造的な差別組織だとして「警察の資金を断て」(defund the police) と叫ぶ一群の人々がいます。カマラ・ハリスは、そうした動きに寄り添ってきました。犯罪者やテロリストにとっては、ありがたい話です。

古森　経済で言うと、物価が高くなった。私も、9月終わりまでワシントンにいたけれど、ガソリンの値段が一番顕著でした。客観的に物価に対する、米国民の悩みを反映しているのはガソリンでしょう。ワシントンだけでなく、メリーランド州、バージニア州と、毎日のように車を運転していましたが、それぞれのガソリンスタンドが自分のスタンドは幾らという価格の看板を出していました。

日本よりはまだ安いけれども、1ガロン3ドル十何セントとか二十何セントとか。たまに3ドルとか、2ドル九十幾つかというスタンドがあると、安いスタンドに客が集まる。私たちから見ると、3ドル10セントと2ドル90セントとでは大差がないと思うのですが、そうではなかった。アメリカ人は毎日、車を使い、一気に30ガロンぐらい入れるから。

島田　私も車がないと生活できない福井市郊外に自宅があるので、実感として、その不満は分かります。

古森　食料品も、私は自分で食べ物を買いに行く。物価がすごく高くなっているのは、肌で感じています。

島田　物価全般を見ても、相当なインフレ率でした。

古森　その背景には、コロナがあって、民主党のバイデン政権は「大きな政府」なので、公共事業の支出や社会福祉の支出を大幅に増やして、景気回復を図ろうとしました。その経済政策が、インフレの主要な原因になっている。背景には、共和党は「小さな政府」、民主党は「大きな政府」という考え方の違いがあるわけですね。

島田　大きな政府は当然、増税につながります。インフレ＋増税。日本でもそうですが、不満が高まるのは当然です。

古森　それから、もう一つは、不法入国者。不法移民と言っているけれども、不法入国者です。移民というと、アメリカは移民の国なので合法的に入ってくる人たちが、今もたくさんいるわけですよ。けれども、不法入国者は勝手に入ってくる。バイデン政権になって、この不法入国者の勢いがものすごかった。

西部劇によく出てくる、リオ・グランデという川がありますよね。激流に見えるけれども意外と浅瀬があって、白昼堂々、100人単位の不法入国者たちが渡ってくる。その違法行為をバイデン政権は、ほぼ奨励した。少なくとも阻止しなかった。だから、どんどん入ってくる。

島田　バイデン政権は、不法入国者の概数を出せという要求に応じなかった。政権末期になってやっと、「少なくとも1100万人」と事態の深刻さを認めました。

古森　ところが、今度は「強制送還する」とトランプが言ったら、それに対して「いや、本当は2200万人」だと民主党が言い始めた。つまり、「そんなにたくさん強制送還できるはずがない」という言い分です。

島田　自爆テロ的な、論外の姿勢ですね。

古森　ワシントンD.C.で暮らしていると、とにかく、ヒスパニックと呼ばれる中南米ラテン系の人たちがどんどん増えているのがわかる。その多くは北部のニューヨークとかシカゴとか、ロサンゼルスに行っていますね。

アメリカにはサンクチュアリ・シティー（聖域都市）という制度があって、地方自治体が自分のところは聖域ですと宣言する。何に対して聖域かというと、外国から来た人に対してです。外国人に国籍を聞いてはいけない、入国や滞在の資格について取り締まってはいけないという制度で、オバマ政権のときに正式に広まった。入国管理局が法を執行してはいけなくて、「アメリカは伝統的に移民の国なので、外国から来た人は大切にしましょう」という考え方です。これは、考え方自体は悪くない制度だと思います。

島田　それぞれの出自を掘り返さない、平等に扱う、という理念には誰も反対しない。

古森　しかし、法律を守らなくていいとまでやってしまうと、そういうところに不法入国、不法滞在の外国人は行きたがる。しかし、聖域都市の側は不法入国者をなかなか積極的には受け入れようとしない。もう一方で、メキシコと国境を接するテキサス州では大量の不法入国者の流入に悲鳴を上げる。テキサス州のグレッグ・アボット知事は、「不法入国者があまりに多数、テキサスにどんどん入ってくる。聖域都市で引き取ってください」と繰り返し要請した。この知事は共和党で、車イス利用の足の不自由な人物ですが、才気煥発、鋭い言辞や政策で知られています。しかし聖域都市側も連邦政府も、なかなかそれに応じませんでした。

私がワシントンにいた2023年夏、副大統領の公邸の周辺で突然、騒ぎが起きました。私の家は公邸に割と近いので、気がつき出かけてみると、テキサス州のアボット知事が不法入国者50人をバスで送り込んできたのです。不法入国者や国境警備問題の最高責任者とされた副大統領のカマラ・ハリスに「何とかしてください」とアピールしに来た、というのです。

バスから降りてきた50人ほどは、みんな若い人でした。それから、身なりがきちんとして、健康そうな人でした。ホームレスみたいな人は誰もいない。

同じようなことを、フロリダ州のロン・デサンティス知事も実行しました。フロリダ州はメキシコと国境を接していないけれども、国境の近くに位置するため、不法入国者の流入が多かったのです。フロリダ州からの約50人は、今度はマーサズ・ヴィニヤードという、マサチューセッツの民主党系の金持ちが多い避暑地に運ばれてきた。

この地域には、オバマ元大統領たちの物凄い大豪邸が並んでいる。そこに、また50人の不法入国者が飛行機で送り込まれたのです。

そのマーサズ・ヴィニヤードという小さな町は、もちろん聖域です。そんな地域に突然、不法入国者の集団が陳情に登場した。首都ワシントンでも副大統領公邸に、そんな突然の陳情があった。その結果、ワシントン・ポストとかニューヨーク・タイムズという全米クラスのメディアも、やっと不法入国の問題を大々的に採り上げようになりました。

ニューヨークには不法移民が多数いて、ベネズエラの犯罪少年窃盗団、強盗団が市民の敵になっています。ニューヨークの地下鉄で一般のアメリカ人を襲って、スマホなどを取って逃げるという事件を頻繁に起こしているのです。この事件の首領は14歳の少年だったという。目に見えて、肌で感じるアメリカ社会の痛ましい、すさまじい変化は不法入国者によって引き起こされているのです。

この種の不法入国者による犯罪は、ニューヨークでは保守系のニューヨーク・ポストという新聞により大々的かつ綿密に報道されています。他方、民主党擁護のニューヨーク・タイムズは報じません。

島田　バイデン政権は人権重視をはき違えて、不法越境者、不法滞在者に大変甘い態度を取りました。保守派は「国境開放政策」と呼んで批判します。日本も他人事ではありませんが、国境管理を無原則に緩めると、潜在的には何十億人という人々が先進国に向けて押し寄せます。

かつては文明の名のもとに先進国が後進国を植民地化しましたが、今は、人権を旗印に後進国が先進国の植民地化を狙う時代です。バイデン民主党は、その基本がわかっていない。

古森　リベラル派は、警察の取り締まりが過剰だと糾弾するキャンペーンも各地で始めました。だから、警察の力がどんどん弱まってしまった。

昔、私が留学していたシアトル――民主党の地域です――は森と湖のきれいな町だったけれど、今はホームレスだらけ。非常に悲惨になっている。ロサンゼルスも同じような状況で、ワシントンD.C.も、ホワイトハウスから40メートル～50メートルぐらいの所にホームレスのテントがあります。

必ずしも、ホームレスが不法入国者というわけではない。けれども、そういう不法入国をしている人の立場がバイデン政権では守られて、どんどん広まった。一般市民にとっては、治安の悪化です。それが現在のアメリカです。皮膚感覚での観察でした。

島田　日本のマスコミは、どちらが正しいかという判断を放棄して、「アメリカ社会の分断」という言葉を使いたがります。

古森　分断というのは、考え方の衝突という意味では民主主義の特徴です。いろいろな意見があって、ぶつかり合う。ただ、アメリカの場合は二大政党政治なので、背景に保守派とリベラル派の考え方の違いがあり、ジミー・カーターがリベラル、ロナルド・レーガンが保守。もっと遡れば、フランクリン・ルーズベルトというリベラル派が強い時代が長く続いたわけです。

島田　１９７０年代後半に大統領を務めた民主党カーター政権の時代に、アメリカは外交も内政もガタガタになりました。「アメリカ弱し」と見て、ソ連やイランなど全体主義政権が攻勢に出たので、世界中に混乱が広がりました。バイデン政権の状況と似ています。

そしてカーターの後に就任したレーガン大統領が、「力を通じた平和」「減税、規制改革による経済活性化」を掲げ、今に至る共和党の基本姿勢を確立しました。

古森　意見の違いがあるのは、むしろ健全な状態で、それが暴力に発展するようなことがあってはいけない。内戦だ、内乱だと、暴力でアメリカ民主主義が崩壊するというけれど、私はそう思わない。民主主義全体の骨組みは、しっかりしている。分断とは意見の対立。それは常に存在するわけです。

近年の「意見の対立」について付言すると、オバマ政権のときにかなり左のほうへ傾いた。ミシェル・オバマが大統領夫人として出てきたとき、「私は、アメリカ人であることを誇りに思ったことは一度もない」と言った。さらに、「アメリカは悪い国」だと。その理由は奴隷制度で、「初代大統領のジョージ・ワシントンは悪い人だった。なぜなら奴隷を用いていたからだ」という言い分です。だから、オバマのときは一生懸命に謝ることになりました。

アメリカ大統領がヨーロッパへ行って謝る。謝罪旅行を続けた。国内ではLGBTを重視して、小学校、中学校で男女のトイレは別にするのをやめた。さすがに、法律にはできなかったけれど、議会には通した。このとき、上下両院とも共和党が多数だった。だから、大統領令という行政命令を出した。

島田　キリスト教に由来する行事や言葉を排していくという姿勢も取りました。

古森　クリスマスはキリスト教、だからクリスマスも見直そうみたいなことまで言ってしまった。「メリー・クリスマス」という挨拶は止めよう、というメッセージがホワイトハウスから発せられたのです。しかし一般の多数派はそれに反発して、「アメリカは、もっとアメリカらしい伝統を守ろう」と主張しました。それがトランプの考えでもありました。

このように、意見の対立は常に存在します。政策の衝突がある。しかし、それをもってして、アメリカはもう終わってしまうみたいなことはなく、アメリカが民主主義の国として生存継続していくうえでは、意見の衝突は当然の現象だと思います。その衝突を見て、アメリカ全体が分断されてしまったと断じるのは間違いです。国家としての団結や連帯の基本は、健在なのです。

リベラル派と保守派が違う意味で使う「WOKE」という言葉

古森　ブラック・ライブズ・マター（BLM）などの勢いも、今は落ちています。ほぼ4年間のバイデン政権下のアメリカでは、リベラル的活動の高まりが見られました。例えば、WOKEと呼ばれる風潮の広がりです。WOKEとは、文字通りの意味は「覚醒」「目覚め」とされますが、アメリカの年来の歴史や価値観を否定的に再認識することです。簡単に言えば、アメリカは奴隷を用いた国だから悪い国家だ、とする「目覚め」です。しかし保守派は、「自国をすべて否定的に見る錯誤だ」という意味を込めて同じ言葉を使う。今はそんな状況なので、ブラック・ライブズ・マターは、時のトランプ政権を攻撃する手段だったことは言える。

島田　ブラック・ライブズ・マターの創設者で黒人女性のパトリッセ・カラーズは、「我々は訓練されたマルクシスト」と宣言した人物でしたが、豪邸をいくつも構えるなど資金流用疑惑で失脚しました。「警察の資金を断て」などの主張も極端で、治安悪化の責任も問われました。

古森　だから、「アメリカの一番の問題は、社会の分断」という解説は正しくない。

島田　分断が鮮明と見える理由の一つは、アメリカには「戦う保守」が政治勢力としてしっかりあることです。日本の自民党のように、左翼に迎合しない。例えば、脱炭素原理主義に関しても、アメリカの保守派は「単なるイデオロギーであって、科学的事実ではない」というところから反論する。

地球の表面温度が上がった原因は地球の内部にある、とりわけ人間の産業活動が主因であるというのは根拠の薄いイデオロギーであって、地表の７割を占める海洋の変化や宇宙からの影響（例えば太陽の黒点の移動）などを複合的に捉えるのが真の科学的態度だというわけです。

地球の温度が上がった時期には火星の温度も上がっている、ならば太陽系全体の現象と見るべきではないのか。地球の温度は一貫して上がっているわけではなく、近年でも10年程度下がり気味の時期があった。産業活動によるCO_2排出が理由ならそうした揺れは起こりえない、といった主張です。

こうした理論が背景にあるので、リベラル派から非科学的と非難されても「そちらこそ科学の捉え方が狭い」と反論して動じない。

なおトランプは、「アメリカに豊富に眠るシェールガス、シェールオイルをどんどん掘る」と宣言していますが、第１期トランプ政権時代のアメリカは、炭素排出の削減量で世界一でした（国際エネルギー機関の報告書による）。競争原理を重視し、テクノロジー開発を通じたエネルギーの効率利用を進めた結果です。こうした事実も、日本では知られていない。

日本では、自民党から共産党、れいわに至るまで、軒並み脱炭素原理主義に迎合しています。トランプ共和党同様、明確に異を唱え、高効率の火力発電所活用などを主張しているのは、私が属する日本保守党だけです。

要するに、アメリカでは保守派が戦うから「対立」がはっきり見えるわけで、日本のほうが平和的で文明的といった話では全然ありません。

ＬＧＢＴ問題も同じ構造です。アメリカでも、日本で通ったようなＬＧＢＴ理解増進法――私はＬＧＢＴ利権法と呼んでいますけれども――つまり、活動家の利権を増進するような法案が論議を呼んできました。民主党が「平等法」という名前で出しているわけですが、共和党が全員一致で反対しているため、予見しうる将来、通る見込みはない。共和党の反対理由の第一は、「差別の定義が曖昧で、逆差別を生む」です。

ウェディングケーキをめぐる有名な事件がありました。ジャック・フィリップスというケーキ職人が、ホモのカップルからの創作ウェディングケーキの注文を断った。それが州の公民権委員会から差別だとされ、「注文通りケーキを作るか、事業から撤退するか」と迫られた。

結局、連邦最高裁までいってフィリップスが勝ちましたが、その間ウェディングケーキを作れず、売り上げの4割を失ったと言います。そうした逆差別が起こる。

その後、フィリップスを狙い撃ちする形で、トランスジェンダー活動家が「自分の性転換を祝うケーキの制作を断られた」とフィリップスを訴え、まさに濫訴《らんそ》の被害に晒《さら》されています。

古森　トランスジェンダーの権利を女性の権利の上に置くような特別な制度をつくると、女性の保護が危うくなりますね。

島田　法の世界の基本原則として、特別法は一般法に優越する。トランスジェンダーの権利を保護する特別法をつくると、一般的な女性の権利より上に来てしまう。女性専用スペースにおける女性の保護が危うくなります。

さらに、LGBTイデオロギー教育を義務化すると、まだ性観念の曖昧な子供たちを非常に危険な形で混乱させる。トランスジェンダーだと思い込んだ、あるいは思い込まされた子供が、性転換手術や異性ホルモン注射に導かれ、あとで激しく後悔するという、まさに取り返しがつかない被害を生んでいます。

ただし、日本保守党以外にしっかりした保守政党が存在しない日本と違って、アメリカでは二大政党の一つである共和党が反対姿勢ですから、連邦レベルでは、LGB

T利権法みたいなものは通っていないわけです。

日本では、民主党バイデン政権の圧力を受け、LGBT活動家のエマニュエル駐日大使に急《せ》かされると、それが世界の潮流だと思い込んで、国会議員のほぼ全員が賛成する。「激しい対立や分断がないから、日本政治は進んでいる」といった話ではまったくありません。

古森　今のエネルギー政策にしても、そう。それから一般の女性よりもLGBT重視が加速したのは、バイデン政権下でした。

島田　連邦議会では、共和党の抵抗でLGBT利権法はできていませんが、民主党が強い自治体では、かなり過激なLGBTイデオロギー教育が行われています。逆に、保守派が強いフロリダ州などでは、ロン・デサンティス知事のもと、「18歳未満に対する性転換手術は禁止」「高校以下の学校では、LGBT教育を禁止」といった州法をつくって巻き返しています。

トランプ大統領の当選で、連邦レベルでの巻き返しも始まると思います。日本でも、その動向を大いに参考にしたい。

一部のテロ事件を強調して「病めるアメリカ」と論ずる姿勢には疑問

島田　メキシコ国境のリオ・グランデ川を渡ってどんどん入ってくる不法越境者を阻止するため、テキサス州のアボット知事が、川の中央約５００メートルにわたって障害物を設置しました。直径１メートル大の球形ブイを針金でいくつもつなぎ、乗り越えようとしても、ブイが回転するから乗り越えられない。

ところがバイデン政権は、「非人道的」「メキシコとの外交関係に支障が出る」などと反対し、撤去を求める訴訟を起こしました。法的根拠としては、船が通行できる河川に設置物を置くときは陸軍省の許可がいるという、忘れられていた古い法律を持ち出しています。一方、アボット知事も譲らず、法廷闘争が続いています。

古森　トランプ政権になったら、その訴訟をやめるでしょう。だから、テキサス州知事のほうが結局、勝つことになると思いますね。

島田　不法越境者の波を止めなければ国が溶解する。国境地帯のテキサスで起こっていることは、全米、さらには先進国全般の将来を暗示しています。欧州など、すでに手遅れのところもあります。

先にも触れましたが、一般的傾向として、昔は文明を旗頭に、先進国が後進国を植民地化しましたが、今は人権を旗印に、後進国が先進国を植民地化する時代です。バイデン民主党のように、不法越境者の人権保護を優先などと綺麗ごとを言っていたら、いくらでも偽装難民が入ってくる。そうなれば、本来のアメリカ人の生活水準はどうなるのか。いちばん職が競合するのは黒人層なので、黒人の失業がまず増えます。そのことをトランプはしっかり主張し、国境管理の強化を実行しました。

古森　共和党でよく語られる議論で、「アメリカに来て家族の生活も含めて、きちんと自活できる能力を持って、アメリカ社会に貢献できる。そういう人は移民として歓迎します」と言っている。

島田　ただ、割り当てがある。毎年、数を決めてちゃんと列に並んで入ってきてくださいねと。不法越境者は、いわば横入り。不法越境を認めれば、真面目に列に並ぶのはバカバカしいとなり、移民制度自体が崩壊します。だから、不法越境者はシャットアウトしないといけない。そうした議論は参考事例として、きちんと日本にも伝えるべきだと思います。

古森　不法入国者は、今はほとんどが中米、中南米からです。中米のホンデュラスとかニカラグアとか、そういう諸国から来ている。今は、メキシコからはあまり来ていない。メキシコは、ただ通るだけ。それと、南米のベネズエラからどんどん来ている。あと、中国からの不法入国者が増えている。中国からだけで、年間２万何千人という人数になっている。

島田　２０２４年８月に、中国からの不法越境者が月間４０００人を超えたと報じられました。

古森　トランプが言うには、ベネズエラは政府が独裁で評判がよくない。政策的に自分たちの国にとって好ましくない人間を、どんどんアメリカに行かせている、というのです。だから、ベネズエラの刑務所は空っぽになったとか。それからメンタル・インスティテューションという、精神病の施設も空っぽとか。

島田　そうらしいですね。ベネズエラからの不法越境者による凶悪犯罪も、かなりの数が伝えられています。

古森　それからアメリカの分断についてですが、私はワシントンD.C.に長らく住んでいるけれど、社会がトランプ派とハリス派に分かれるとか、日常生活で分断しているとか、それはまったくありません。誰がどちらかはわからない。むしろ、ワシントンは圧倒的に民主党が強いから、トランプ支持者は大人しくしている。

共和党支持者で、島田さん覚えているかな、ロバート・ハーという、韓国系の弁護士が出てきた。バイデン大統領が国家機密である公文書を持ち出した事実がある。それを特別検察官として捜査した。だから、バイデン大統領を何回か長い時間を使って尋問した。

古森　議会の公聴会に出て、質問に応じていましたね。

島田　結局、起訴はしなかった。理由は、バイデンの認知能力が落ちているから。起訴しても無駄だということでした。そういうことを言っちゃったんですよ。だから、民主党はすごく怒ったわけです。

古森　この人物の子弟がカセドラル・スクールという、ワシントンの中心部にあるエリート私立学校に通っている。ここは民主党リベラル系の家庭の子供が多い。ロバート・ハーの奥さんは保守派で、彼女がＰＴＡの会合に出席すると、民主党系の親たちは警戒する。しかし彼らは決して、自分たちはリベラル派だなどという素振りは見せない。両方が政治議論を避けるというのです。関係者たちから聞いた話です。全体にそうした地域社会の接触では、保守派のほうがより多く遠慮しているようですね。

古森　トランプ支持派が黙っている。だから、長年付き合っても、この人って本当はどちらなのかは、わからない。

支持者で共和党か民主党かは、意外とすぐにわかります。ただ共和党だと言っても、トランプは嫌だという人もいる。ディック・チェイニー元副大統領なんかも、そう。しかし地域社会での生活や、友人や知人との個人的な付き合いでは、そんな政治的志向は表には出ない。社会が分断して、みんなが分かれて戦うとか、そういう実態ではないんです。

島田　何と言ってもアメリカは成熟した民主国家であり、基本はマジョリティ・ルール、すなわち多数決です。暴力を排する点では一致がある。トランプが狙撃された事件でも、実行犯を擁護するような議論は、左右を問わず、まともな人たちの間ではなかった。一部の跳ね上がりによるテロ事件を針小棒大に取り上げ、「病めるアメリカ」などと論じる姿勢には疑問です。

司法の「武器化」こそ衝突をもたらした

古森　衝突といえば、バイデン政権下における司法の「武器化」で国内がおかしくなった。それに対して、トランプが司法の「正常化」をするために、すごく攻撃的なマット・ゲイツを選ぼうとしたけれど、ちょっとやり過ぎたという感じでした。ゲイツを選ぼうとした理由は、司法の「正常化」だった。

マット・ゲイツという、未成年者買春疑惑があった人物を敢《あ》えて司法長官に指名しようしたのは、ゲイツという人が、トランプに対して仕掛けられてきた、いろいろな連邦政府の強制力を持った機関を動員しての攻撃——これは、トランプ陣営からすれば「武器化」で、けしからんと。それを正すという意味では、ゲイツは先頭に立ってそれを攻撃してきた人だから、そのメッセージは非常にクリアで、わかるわけですよ。

トランプ自身の、彼から見ての、連邦政府機関の政治的な利用、悪用＝「武器化」を正すというときは、それを正すための武器化に対する、また有力な武器として、ゲイツという極めてどぎつい、極めて論客で、弁の立つ、アクの強い人物を指名しようとしたのは、それなりに意味はあった。

島田　ある種の劇薬というわけですね。

古森　でも、あまりにも劇薬過ぎちゃって、「いろいろなところで叩かれるんじゃないか」という話になって、引っ込めたんでしょうね。ゲイツ自身が司法長官を辞退した。

ご存じのように、アメリカ政府の閣僚人事に対しては、米上院では「コンファメーション」（指名承認）といって、非常に長く、綿密で、険しいプロセスがあります。上院は、今度は共和党が多数を占めているから、結局は、トランプ陣営の望むような方向に承認されることはわかっているけれど、簡単ではない。民主党側は、もう必死になって攻撃しますからね。でも結局は、数が足りないから、彼らの思う通りには、なかなかならない。

だがトランプ陣営側には、ゲイツを指名すればスキャンダル的な話がどんどん出てきて、まずいんじゃないかという反省、自制があったのではないか。マット・ゲイツ指名者に代わる人物として、20年近く検事として在職したパム・ボンディという女性を選んだ。フロリダ州の司法長官ですね。

島田　トランプは、「ボンディはフロリダ州司法長官として、麻薬類秘密取引を厳格に取り締まり、フェンタニル過剰使用に伴う死亡を減らすため努力した」と紹介。また、「凶悪犯罪に対して非常にタフで、フロリダの家族のために街頭を安全にした」とも説明しました。

古森　この人は、あまり一般に知られた人ではないけれど、トランプが、フロリダで起訴された案件で、全面的にトランプをバックアップするような態度を取った。でも、トランプ陣営にいる限りは、みんな全面的にバックアップなんですよ。4回にわたる起訴は、みんなそれぞれ中身が弱いというか、ねじ曲げられていましたからね。本当は、適用する罰則、法律がないのに起訴していた。だから、司法の「武器化」に対する非難ということを、鮮明に発信できる人。実際に発信してきたという経歴から、この女性を選んだ。だから、全国級で知られてきた法律家ではないけれども、トランプ陣営、トランプ自身の考え方を、正確に主張できる人物ということで選んだと言えるでしょう。

ちなみに付言すると、「4回の起訴が、やり過ぎだったのではないか」というのは、民主党リベラル側にも反省があるんですよ。ファリード・ザカリアという、リベラル系の著名なジャーナリストがいます。ニューズウィーク国際版の編集長を務めたり、ワシントン・ポストの定期的なコラムニストでもある。インド系の人なんだけれども、上手く書き、上手くしゃべる。テレビでも出てくる。

この人が書いた論文の中で、ハリス敗因の分析をしていて、いくつか理由を挙げている。1番目は、国境警備。不法入国者を入れ過ぎた。2番目が、起訴のやり過ぎだと。

その一番いい実例は、ニューヨークの口止め料。口止めのために、人に何かを奢《おご》るとか、お金をあげるとかは、刑法に違反しない。何に違反としたかというと、そのために使ったお金の記載を、違う目的に書いたという。これも、ニューヨークの法律だと重罪じゃない。軽微な罪です。だから、われわれが読んでも、あまりにもこじつけふうの訴状だった。

加えて、アルビン・ブラッグという黒人の検事は、民主党の活動家で、ニューヨーク州のマンハッタンの検事になる前に、「私の使命はトランプをやっつけることだ」と、堂々と言ってきた。もう、法律も何もない。とにかく、政治の運動として、トランプをやっつけるんだと言っていた人が、起訴の作業を全部やったわけですから。

だからファリード・ザカリアも、それが一番無理筋だったと言っている。そのことを、トランプ陣営側にあって、きちっと指摘して、反論してきた有力な論客で、しかもフロリダ州の司法長官だったボンディに白羽の矢が立ったわけです。ちゃんとした権威があって、ちゃんとした根拠を述べて反論した人だから、トランプ陣営にとっては非常に貴重な人材ということで選んだ。

この司法長官人事について、二つのポイントがあります。一つは、まずいなと思えば変えるという柔軟性も、トランプ陣営にはあるのだということ。もう一つは、その背景として、民主党側に対する反撃、反論のメッセージを、明確に出していくんだという、この基本のスタンス。だから、人事を見ていると、反リベラルというか、バイデン政権がやってきたことを全部否定していることがわかる。しかも、その否定や反対を最も明確な形で、鋭い形で述べてきた人を、選んでいます。その一人が、このボンディだと思います。

島田　バイデン時代の司法の「武器化」に対し、保守派は相当に怒りを高めた。なおアメリカの司法長官は、日本の法務大臣と違って、非常な大きな権力を与えられています。まず、93人の連邦検察官の指名権を持ちます。制度的には上院の承認が必要ですが、承認されるまで職務に就けない裁判官の場合と違い、即日着任できて、上院が不承認とした場合だけ辞職するシステムです。したがって、指名権というより任命権に近い。また、大統領が絡むような疑獄事件を扱う特別検察官の任命権も持っています。だから、政治的思惑から「武器化」しようと思えばできるわけです。

しかし第1期トランプ政権は、そうしたことはしなかった。トランプ時代の司法機関に特徴的だったのは、大統領の指示で「中国シフト」を敷かせたことです。捜査機関であるＦＢＩおよび起訴権限を持つ司法省に対し、限られた人的資源、資金を、中国の産業スパイや協力者の摘発に徹底的に傾斜しろと指示した。典型的な事例が、チャールズ・リーバー教授という、ハーバード大学のナノテクノロジーの権威の摘発です。ＦＢＩが逮捕し、即日、司法省が起訴しました。両者が早くからタッグを組んでいなければ、こうした展開はあり得ません。

ところがバイデン政権は、「中国シフト」を解除する一方、「国内右翼シフト」を敷いた。２０２０年大統領選の不正を追及する人々の一部が議場堂に乱入した事件などがあったため、それを奇貨として「シフト替え」したわけです。「わが民主主義に対する、南北戦争以来最悪の攻撃」といったバイデン大統領の言葉は明らかな誇張で、南北戦争では死者が11万人以上出ています。議事堂乱入事件では、明確に事件の死者と言えるのは、警官側に撃たれて亡くなったデモ隊側の女性一人に過ぎません。

ところがバイデンは事態を政治利用し、中国シフトを解いて、国内右翼シフトに転換させた。田舎のほうの、ただ酒を飲んで気勢を上げているだけの自称右翼のおっさんにまで、ＦＢＩの捜査官を張り付けた。資源の無駄という他ありません。

第2期トランプ政権はおそらく、民主党に対する報復的な司法の「武器化」にうつつを抜かすのではなく、再び中国シフトに回帰するのではないかと期待しています。

これは日本にとっても、非常に大きなプラスの意味がありますね。

以上、アメリカの司法長官人事は、非常に政治的意味が大きい。パム・ボンディという人は、保守的なフロリダ州で実績を積んだ人物です。見た目も1965年生まれとは思えないほど若々しい。再選を決め、議会で中心的役割を果たすであろう論客のテッド クルーズ上院議員も、「素晴らしい人選だ」と口を極めて称えていました。

バイデンが軍事面で弱腰になって世界が混乱した

島田　「アメリカの分断」と言いますが、例えば2018年の台湾旅行法を見てみましょう。これは、のんびりした名称に反して、軍人同士の米台交流を公式に認めるなど、踏み込んだ内容の法案でした。中国は、「通せば米中関係に回復しがたい打撃を与える」と盛んに反対キャンペーンを張りましたが、却《かえ》って米議会の反発を呼び、上下両院とも、全会一致で可決、時を置かず当時のトランプ大統領が署名して成立しました。

その後、台湾抵抗力強化法という、米台合同軍事演習を公式に認める法案が出され、当然、中国は大反発しましたが、これも全会一致で通っています。

共和党と民主党は議会で激しくやり合うのが常ですが、対中国がテーマになると、しばしば全会一致で対抗意思を示す。日本では考えられない現象でしょう。対外的にまとまるべき局面では、キチンとまとまる。アメリカのそういう姿もしっかり認識しておく必要があります。

古森　アメリカの日台合同軍事演習の提案は、本当に安全保障面での寄与は大きい。だが日本だったら残念なことに、野党第一党が反対するでしょう。まったく愚かな考えですね。

トランプ在職の4年間には、世界で新しい戦争が一つも起きませんでした。これは事実です。それどころか、ISという酷《ひど》いイスラム系のテロ集団を壊滅させた。2016年の選挙公約を果たしています。日米共にメディアではあまり評価されていない事実ですが、これはすごく大きなことです。

島田 逆にバイデン政権では、まずアフガニスタンで潰走《かいそう》的撤退に追い込まれ、世界中のテロ勢力を勇気づけました。

古森 20年間、アメリカはアフガニスタンに介入して、民主主義だとされる政権をつくって、イスラム原理派のタリバンを排除した。しかし、どうも上手くいかない。だから、もう、そろそろやめようじゃないかと。それが共和党・民主党両方の共通した流れだったわけです。

トランプも「やがては撤退か」と言ったけれども、それをバイデンは急に期限を切って、全部を撤退させた。このときは、アメリカの軍部のミリー統合参謀本部議長は「少しの軍隊を残したほうがいい。2500人の海兵隊を絶対に残そう」と伝えたのだけれども、それをバイデンは反故《ほご》にした。今まで残っている民主主義とされる政権を守ろうと言っていたのに撤退したら、あっという間にタリバンが襲来して、それまでの政権を倒した。しかも、撤退していくアメリカ軍にテロ攻撃までした。

このときに海兵隊は、13人が死んでいます。そのときの軍関係者はみんなトランプ支持派になって、共和党の全国大会のとき、その13人の遺族が出てきて無念を語った。バイデン政権になってアメリカが弱さを見せたことによって、プーチンがそれを見てどう思ったか、習近平が見てどう思ったかということです。

島田　そこに、２０２２年２月24日のロシアのウクライナ侵攻が起こった。バイデン政権が見せた露骨な弱さと無縁ではあり得ないでしょう。

古森　このとき、バイデンは早々と「アメリカは経済制裁で対応する」と、軍事で対応しないことを明言した。これがプーチンを励ますことになったと、とアメリカでは広く指摘されています。それから、ハマスのイスラエル攻撃です。これも明らかにハマスがイスラエルと、その背後にいるアメリカが弱いということで攻撃に出た。

まだ、あります。中国の台湾に対する軍事行動です。このパターンが変わって、台湾側の空域に中国の戦闘機、爆撃機がどんどん入ってくるようになった。危険な動きが、バイデン政権になって現実に起きたわけですよ。

島田　共通するのは、「弱腰で臨機の判断ができないバイデンの間に既成事実をつくっておこう。どんな手段を用いても大丈夫」という対抗勢力側の感覚です。

古森　バイデン政権には軍事行動を避ける傾向があって、国防予算も増やさない。2024年度の国防予算は8千何百万ドルと金額は多いけれども、前年比1パーセント増です。インフレ率2～3パーセントを引くと、実質、削減です。

実際の兵器でも、トランプ政権が決めた中距離の潜水艦発射の核兵器をバイデンは止めてしまった。中距離の巡航ミサイルです。大切な兵器でした。なぜなら、中国側は中距離兵器をたくさん持っているけれど、アメリカ側はほとんど持っていない。それを知ったトランプが積極的に開発を始めたのに、バイデンはそれを止めたわけです。

アメリカで広く知られた戦略専門家のウォルター・ラッセル・ミードは、「アメリカの存在による戦争抑止力は、全世界的に機能しなくなった」と断言しました。その結果、各地で動乱が起こって、すべてアメリカに対する挑戦という形で出てきていると分析しています。

国際秩序に対する挑戦は、オバマ時代から始まっている。戦後、アメリカが主体になって築いてきた国際秩序、その中に日本も最大の受益者として入っているわけだけれども、それが根本から崩れようとしている。

島田　アメリカの軍事的覇権を明確に崩そうとしているのは中国共産党政権。今それと組んでいるのがロシア、イラン、北朝鮮。合わせて「新・悪の枢軸」と呼ばれます。これらの国々は、相手が弱いと見れば、軍事力を使うことに何のためらいもありません。逆に相手が強く、反撃も辞さないと見れば、慎重に構えます。現実的な計算を行い、自殺的な行動は取らない。トランプ時代にこれらの政権が露骨かつ大規模な侵略行動を取らなかった一方、バイデン時代になって国際的な箍《たが》が外れ、紛争が多発したのは、アメリカが弱く、決断力がないと見られたためです。

何もアメリカが「世界の警察官」である必要はない。しかしアメリカのみならず自由主義圏全体が、米軍の標語にあるように「世界一優しいが、怒らせると世界一怖い」存在であり続けなければ、国際秩序は維持できません。

トランプ政権になれば国際情勢はプラスに激変する

古森　2014年頃から事実上、中国は軍事力でフィリピンとかベトナムを排して、南シナ海のスプラットレー諸島を奪いました。そこに軍事基地をつくった。どんどん埋め立てをして、島を広げた。習近平はこの時期にアメリカを公式訪問して、ホワイトハウスの中で「スプラットレー諸島は軍事化しない」と言った。にもかかわらず、帰ってしばらくしたら、どんどん軍事化が始まった。その習近平の行為に対して、オバマ政権は何もしなかったわけです。

「アメリカは、とにかく他国のために軍事力は使わないほうがいい」という考え方がオバマ政権からバイデン政権に引き継がれた。だから、トランプが出てきた。トランプが選ばれた理由は、いくつかの事情がある。一つは軍事抑止力を重視しないバイデン政権の体質で、バイデン自身がオバマ政権において8年間も副大統領をやっていたので、オバマ政権がやったことを引き継いでいる傾向が強かった。結果として、国際社会は混乱した。

バイデンは、オバマの和平志向、柔軟性、国際協調性という言葉に隠れた脆弱性を引き継いだ。国際協調と主張はしても、実際には、アメリカ自体はあまり強い反応はとらなかった。その姿勢につけ込んで、反米勢力がどんどん出てきた。結果として世界は不穏な状態になっている。それではよくない、ということでアメリカ国民はトランプを選んだ。

島田　再びトランプ政権になれば、第１期のときと同様、国際情勢は相対的に安定の方向に向かうと思います。トランプは常々、「私はアンプレディクタブル、予測不能であることが抑止力」と語ってきました。つまり、俺に対して舐《な》めた真似をすると、どれだけ強烈に反撃するかわからないぞ、という脅しです。

古森　トランプは、本当に何をするかわからない側面があります。

島田　中国や各地のテロ勢力にそう思わせるのは、プラスでしょう。

アメリカでは、イランのイスラム・ファシズム政権をしばしば「テロの中央銀行」と呼びます。トランプ政権はイラン核合意から離脱し、段階的に制裁を強めました。米軍はまたトランプ大統領の指示で、２０２０年１月３日にイランの対外破壊活動の責任者だったソレイマニという男を、攻撃ドローンからのミサイル発射で殺害しました。世界中のテロ勢力、テロ国家は、ソレイマニのようになりたくないと思ったでしょう。

一方、そのとき大統領候補として遊説中だったバイデンは、「自分が大統領なら、こうした命令は出さなかった」と言いました。ソレイマニは、曲がりなりにもイラン政府の高官。外国高官の殺害は国際法違反であり、暗殺を禁じたフォード政権以来の大統領令にも反するというわけです。これも、国際的な反社勢力に、バイデンが大統領なら何をしても大丈夫と思わせたでしょう。

バイデン政権発足後の2021年9月11日は、9・11同時多発テロ20周年でした。バイデンはその日に、「対テロ任務を完了し、アフガニスタンから全ての米軍を撤退させた」という演説をしたかった。そのため、8月末には撤退完了と政治的にスケジュールを組ませました。最重要軍事拠点のバグラム空軍基地からも撤収、米軍の保護を失った整備業者も引き揚げ、アフガン政府軍は大きく機能を低下させました。

その間、米軍幹部らは、「情勢が不安定化しており、バグラム空軍基地の維持は必要。制空権を失えば、アフガン政府は持たない」と進言しています。2500人規模の米軍駐留は引き続き要るというわけです。しかしバイデンは、政治的な撤退スケジュールにこだわりました。

駐留米軍の数が減る中、軍としてバグラム空軍基地を守るか、首都カブールにある米大使館を守るか、どちらかの任務しか遂行できない。バイデンは、「大使館にタリバンの侵入を許すと大変。大使館を守れ」と指示した。それで「バグラム基地は放棄」となったわけです。「このとき、米軍制服組トップのマーク・ミリー統合参謀本部議長は、辞表を手に抵抗すべきだった」と保守派は強く論難しますが、結局、ミリーはバイデンに従った。

時を置かず8月15日、バグラム基地はタリバンの手に落ちました。９・11の記念日に撤退成功演説をしたいというバイデンの政治的思惑が、壊滅的結果を招いたわけです。

大量に放置された米軍協力者のアフガニスタン人たちは、拷問・殺害の憂《う》き目を見ました。事態を凝視していたプーチンは、相手がバイデンならウクライナ侵攻をしても大丈夫と確信を得たでしょう。

古森　北京冬季オリンピックの直後でした。

島田　もう一つ、バイデンは、トランプが離脱したイラン核合意に復帰したかった。イラン側が核開発の廃棄でも凍結でもなく、ペースを落とすだけで制裁の多くを解除する非常に甘い内容ですが、オバマ政権下、自らが副大統領のときにまとめた合意だからです。

バイデン政権は様々なルートでイランとの協議を模索しましたが、合意から離脱しているアメリカは多国間協議の参加資格がないとしてイランが受け入れない。そこで、あろうことかバイデン政権は、プーチンに仲介を頼んだ。

プーチンにしてみれば、これも、ウクライナに侵攻してもバイデンは強い反応を示せないと踏んだ理由でしょう。

古森　それとトランプ政権のときは、サウジアラビアとの関係はかなりよかったけれど、バイデン政権では悪くなりました。

島田　トランプは、脱炭素原理主義と無縁です。だから、サウジの油田開発にアメリカから投資資金が行くことに何ら反対しない。アブラハム合意という名で、サウジの弟分的な湾岸アラブ諸国とイスラエルとの国交正常化も実現させました。サウジと敵対するイランの封じ込めに加え、これによって、サウジの周辺環境はさらに安定したわけです。

古森　ところが、バイデン政権は「地球温暖化こそがアメリカにとっても、世界にとっても脅威」だとする脱炭素原理主義を掲げた。「石油産業は悪魔の産業だ」と言い出した。

島田　サウジアラビアは悪魔の国ということになってしまう。しかも現実問題として、バイデン政権が油田関係に投資資金が回らないよう金融機関に圧力を掛けたため、サウジとしては新規油田開発に乗り出したくても、国際資金が集まらない。こうした状況への怒りから、サウジはロシアや中国に近づくことになりました。

なお、トランプは在イスラエル米大使館を商業都市のテルアビブから首都エルサレムに移しました。これはクリントン時代に法律で決まっていたことですが、どの政権も実行をためらってきました。一部の評論家は「アラブストリートが火の海になる」と非難しましたが、結局、何ら暴動のようなものは起こらなかった。ここでも、トランプの判断が正しかったわけです。

中国に対して強い対決はしない姿勢だったバイデン政権

島田　トランプ政権は、パレスチナ側が首都と主張する東エルサレムに関しては「アメリカは最終的な立場は取らない」とするなど、いくつかの留保も付けています。思いつきで行動したわけではありません。ところが日本では、「トランプがまた、とんでもないことをした」という報道一色でした。

古森　バイデン政権が国際情勢を悪くした批判とか、報道さえも少ない。

島田　その通りです。ちなみに金正恩はバイデンが大統領になって以来、常にカメラに映るときに娘を連れています。なぜか。それ以前に、米軍が在シリア・テロ組織の二つの拠点を爆撃する作戦を立てたが、一カ所については中止した。「女性や子供がいるという情報が直前に入ったため、バイデンが中止を指示した」と伝えられました。金正恩としては、娘を連れていれば、米軍に攻撃されることはないと思ったのではないでしょうか。

古森　トランプ時代には金正恩の斬首《ざんしゅ》作戦があった。金正恩をピンポイントで攻撃するという計画でした。ただし、アメリカ政府がそんな計画を立てているというわけではなく、国防大学の研究所が「もし金正日が暗殺される場合、どんな想定が考えられるか」というような趣旨で、しかし内容はきわめて具体的でした。どぎつい殺戮《さつりく》のシナリオを描いた調査報告を出す、というような形でした。しかし北朝鮮側への威迫効果は、絶大だったでしょう。

島田　バイデン的な人物が米大統領なら、金正恩としては影武者を使うまでもなく、娘を連れていればいい。

古森　大きくアップで映るのは本人でしょうが、ただ車に乗ったりするとき、上から偵察衛星で見る程度だと、はっきりわからない。そういうところは影武者を使っている可能性が指摘されます。テレビ画面で喋っている金正恩が影武者だと言う人がいるけれど、それは本人でしょうね。

島田　間違いありません。バイデン政権は、北朝鮮に関しては何もしなかった。トランプは斬首作戦示唆のあと、首脳会談と、危うい面もあったが、いろいろと揺さぶった。日本人拉致問題も、首脳会談の場で直接提起してくれました。オバマ政権は「戦略的忍耐」がキャッチフレーズでバイデン同様ほとんど何もしませんでしたが、トランプはまず「炎と怒り」でした。

古森　炎と怒りなので、「場合によっては、やるぞ」ということ。それで、金正恩が慌てた。トランプに「会ってくれ」と面会を請《こ》い願った。しかしバイデンになったら、変わってしまった。何もしないので肝心の非核化、核兵器開発を止めさせる重要事項も曖昧になりました。

　さらに、バイデン政権のスーザン・ライスという女性の政策担当者が、「もう、非核化は求めなくてもいい」ということを発表して、「北朝鮮は核保有国として認めたほうがやりやすい」ということを言ったわけです。バイデン政権は、とにかく北朝鮮に関して何もしない。トランプ政権の「炎と怒り」から「戦略的忍耐」に戻って、非核化に関しても何もしない。核兵器保有国として認める、とも思われる態度になった。日本の拉致問題も絡めて、非核化とかミサイル開発阻止とかミサイル発射防止というような強い動きが、バイデン政権にはまったくなかった。

島田　「核保有国と認める」というのは、核兵器を持っていても制裁を解除するという意味で、論外です。また、バイデンの弱い姿勢が誘発したとも言えるロシアのウクライナ侵略の結果、北朝鮮とロシアが急接近した。弾薬や派兵の見返りにロシアから食糧や石油が入るので、北に財政的余裕ができてしまった。これでは、「人道支援」を梃子《てこ》とした日朝協議も進まない。

ただ対中政策は、議会の態度が厳しいため、バイデン政権下でも、トランプが課した対中関税などは維持されました。他にも議会主導で、中国製太陽光パネルの輸入禁止など、いくつかの制裁措置を取っています。

古森　ウイグルでウイグル人を弾圧する最高責任者は、アメリカの国内への入国を認めませんということをやりました。陳全国という人物で、当時は新疆ウイグル自治区の共産党書記でした。その後は、中央の政務局員にまで昇進しています。

島田　バイデン政権は一方で、「気候変動こそが安全保障上の最大の脅威」という間違ったテーゼのもと、脱炭素で中国に協力を求める姿勢を見せました。当然、中国側はそこに付け込んでくる。そもそも守るつもりのない脱炭素の約束など、いくらでもできます。習近平が国家統計局長に数字の操作を命じれば済む話です。

総じてバイデン政権の対中姿勢は、トランプ政権に比べて弱かった。中国の武漢で発生し、アメリカにも大きな経済的被害をもたらした新型コロナウイルスを、トランプ政権は「中国ウイルス」「武漢ウイルス」と呼び、武漢ウイルス研究所の生物兵器研究が淵源である可能性が高いと指摘しましたが、バイデン政権は曖昧な態度に終始した。

古森　経済政策も、まったく違った。トランプ政権とバイデン政権の対中経済政策は、トランプは「ディカップリング」という言葉を使って、経済的に中国と完全に縁を切ってもいいという姿勢を見せた。

バイデン政権はディカップリングには反対だった。バイデンは「ディリスキング」という言葉を使った。ディリスキングとはバイデン政権の連中に言わせると、アメリカが特定の経済分野、あるいは防衛関連の分野で中国の製品に依存することがリスクだという。だから、「特定分野での中国依存のリスクをなくす。経済全体を切り離しはしない」という意味だそうです。

日本から見た場合、中国は間違いない脅威だし、日本の領土を奪おうとしているわけです。日米同盟を否定しているので、厳しく対処するという意味では、トランプ政権のほうが日本にとっては望ましい。バイデン政権は、対中政策には曖昧さとか不透明なところがたくさんあった。

島田 バイデンは「気候変動こそが安全保障上の最大の脅威」である以上、CO_2排出量で世界最大の中国は問題処理において最大のパートナーと位置付けましたが、ズレた話です。トランプ陣営は、「何をバカなことを。安全保障上の最大の脅威は中国に決まっている。気候変動イデオロギーに科学的根拠はなく、中国はあくまで主敵」という態度です。脱炭素原理主義に迎合しなければ、中国に迎合する必要もありません。

古森 ハリスとトランプの一回だけ行われたテレビ討論で、ハリスが「トランプが20パーセントのセールス・タックスをかけた」と言い出して、何のことかなと思ったら、中国に対して20パーセントの関税かけている、という意味だった。20パーセントの対中関税のことを「20パーセントの消費税だ」と言ったわけです。いい加減な議論だった。

島田　先に述べた通り、トランプ政権はＦＢＩと司法省に中国シフトを取らせた。徹底的に中国の産業スパイの摘発に力を入れたわけです。ＦＢＩには各方面から捜査依頼が山のように来る。それに薄く広く対応するのではなく、トランプ大統領の指示で、中国による知的財産の窃盗行為に捜査資源を集中させたわけです。典型的な例が、先に触れたチャールズ・リーバー・ハーバード大教授です。

古森　彼は逮捕されましたね。

島田　逮捕して、即日起訴でした。大統領の指示によるＦＢＩと司法省の連係プレイです。国際問題になるような案件は、ＦＢＩが本格捜査に入る前に、司法省の担当部局の許可がいるので、ホワイトハウスのリーダーシップは非常に重要です。

　ところがバイデン時代になって、トランプ時代に起訴されたナノテクノロジーなど戦略分野の中国系教授たちが次々に起訴取り下げとなりました。左翼が多い大学の世界は民主党の牙城です。雇用者責任を問われたくない大学当局の意向に、配慮したわけでしょう。

古森　大学は、民主党にとって重要な支持基盤だから。

島田　トランプ政権は、再び中国シフトを敷くはずです。産業スパイが逮捕、起訴されるというのは対中圧力として大きい。スパイ行為に対する抑止力も高まるでしょう。日本も大いに見習うべき点です。逆に日本が甘いままだと、中国のスパイ活動が日本に大挙シフトしかねない。

第3章 米国マスメディアの落日

主要メディアの価値観が排除された

古森　今回の大統領選挙の最大の敗者は世論調査機関だとも指摘されます。そして、その世論調査に依拠した民主党をひいきする方向に導いた主要メディアが敗者だったという。とにかく、大きく間違えた。日本の大手メディアは、アメリカの民主党びいきの大手メディアと提携し、依存しているので、間違えまくりました。まさに敗者です。

まず朝日新聞だったらニューヨーク・タイムズ、読売新聞だったらワシントン・ポストとの年来の記事提携があります。そのうえ朝日や読売の記者たちはCNNもよく見ているでしょう。これらアメリカの3大メディアは徹底して民主党びいきなので、世論調査もその傾向と連携している場合が多い。世論調査も民主党が実態よりも強い数字を出すというミスを冒《おか》す傾向があります。

島田　ニューヨーク・タイムズはトランプが勝利した2016年の大統領選でも、投票日直前に「ヒラリー・クリントンが勝つ確率91%」という記事を載せました。

古森　記事が依拠する世論調査が、そういう数字を出し続けたわけです。そこに、ニューヨーク・タイムズのような民主党びいきのメディアが乗った。それから2020年のバイデンが勝った大統領選挙も接戦でした。しかしバイデンがずっと先を行っていることを示す世論調査機関とニューヨーク・タイムズなどの報道によって、日本の大手メディアがそれにくっついた。

日本の場合、世論調査はリアル・クリア・ポリティクスというアメリカの機関の数字に依拠する場合が多い。どういう機関かというと、自分のところでは世論調査をやらない。他の機関のデータにただ足して、平均値を出すということだけをやっている。そうすると、どうしても全体が民主党びいきなので、民主党に有利な数字が出る。それをずっと報じ続けると、間違ってしまうわけです。私の長年の考察では、今までの世論調査で一番正しかったのはラスムセンという機関です。

島田　以前はギャロップもよく引用されました。

古森　ギャロップとラスムセンは、つい最近まで毎日大統領の支持率を全米調査して、数字で発表してきました。ところが、ギャロップが調子悪くなって、今はラスムセンだけです。現在はラスムセン1社だけが、毎日支持率を発表しています。だから、バイデンの支持率がどんどん落ちてきたことは、報道していました。

全体でもどっちが勝つとか、全米でどっちが優位だとか、激戦7州でどっちが勝っているなどは、今から見るとラムセンは2016年、それから2020年、2024年の選挙で外れる差が一番小さく、一番実態と近かった。支持率や選挙のリアルタイムの動向はラスムセンを見るのが最良で、正しい客観報道の第一歩なのだけれども、ほとんど日本の大手メディアはラスムセンの数字を報じていません。

島田　アメリカでも、主要メディアは民主党びいきなのでラスムセンの数字を無視しがちです。ただ、幸いアメリカでは、共和党寄りのメディアもあるため、両方見てバランスを取ることが可能です。特にFOXニュースは、ショーン・ハニティ、マーク・レビンをはじめトランプを強力に支持する論客キャスターが多い。アメリカの新聞で最も部数の多いウォール・ストリート・ジャーナルも共和党寄りでしょう。

古森　ウォール・ストリート・ジャーナルは、ネットも紙もすごく有力です。ネットで儲けています。日本の新聞はネットにやられて、全部無料で明け渡したところからスタートした。その後、すぐにこれではいけないと気づき、代金を取るシステムを始めたけれども、うまくいかない。アメリカはウォール・ストリート・ジャーナルが一番頑張って、ネットでも巨大な利益をあげています。ニューヨーク・タイムズも頑張っている。だから、向こうでFOXテレビを見て、ウォール・ストリート・ジャーナルを読めば、ニューヨーク・タイムズが言っていることとは全然違うことがわかってくる。

島田　「笑って誤魔化す以外に能がない」ハリスはバイデン政権の副大統領としてまったく存在感がなかったが、メディアは28パーセントだった支持率が大統領候補になって以来50パーセントに上がったなどと大いに騒ぎました。

古森　メディアは「ハリス候補の人気は急上昇」と言っていたけれど、主な理由の一つはメディアの偏向報道です。「天まで昇れ」という調子でしたね。ハリスに関しては、喜びの「ジョイ」という言葉を使い続けた。それも、ハリスのやっていることはジョイだとか、ジョイ・キャンペーンとか。でも、それは単なる意見で、客観的にジョイかジョイじゃないのか、どうやって決めるのかという話です。決めようがない。それをニューヨーク・タイムズは客観的な事象として、「ジョイ」という言葉をバンバン打ち出してました。

島田　一方トランプに関しては、暗い復讐心の塊《かたまり》のように描きました。実際は明るく面白い人物ですが。

古森　もっと根幹を言うと、ニューヨーク・タイムズとニューヨーク・タイムズが体現しているアメリカの中の、いわゆる反トランプ層は、トランプが出てきたときから絶対に許せないと決意していたと言えます。選挙ではない方法を使っても、トランプのことは引きずり下ろさなければならない、という決意があったのです。

後に、ニューヨーク・タイムズの編集会議の内容が外部に流れたことがありました。編集局長が、その会議で「ロシア疑惑でトランプ打倒を図ったが、ダメだった」と述べていました。それまでの22カ月間、「ロシア疑惑」に対して特別検察官が捜査を続けたけれども、起訴の対象になる証拠は何もなかった、という結論を出した直後でした。ニューヨーク・タイムズも、さすがに反省して社内会議をやったわけです。この内容が、すべて外部に出てしまった。

それで、ニューヨーク・タイムズではロシア疑惑がダメなら、次は何にするかとなって、人種カードで行くと合意したそうです。トランプは人種偏見主義者、人種差別主義者だということにしようと、会議で結論を出したとのことでした。

島田　反警察主義のブラック・ライブズ・マターあたりを先兵として持ち上げたわけ

ですね。どんな手を使ってもトランプを引きずり下ろすという「怨念系メディア」と化しました。

古森　私のアメリカにおける最初の大統領選挙の本格的フル取材は、1980年の民主党現職のジミー・カーターと共和党のロナルド・レーガンとの戦いでした。その取材ではカーターが勝つと思い込んだ。なぜ思い込んだかというと、世論調査が少なかった。そのため私はニューヨーク・タイムズを一生懸命に読み、テレビでは地上波で最も視聴率の高かったCBSを一生懸命に視聴しました。その結果、民主党のカーターが勝つと信じこみました。この2大メディアとも民主党べったり。民主党に優位な偏向報道だったのを、そうとは知らず、信じてしまったのです。

しかし選挙結果は、レーガンの大勝利、カーターの惨敗でした。このときに「地滑り」的な大勝利という表現を覚えました。民主党支持メディアの報道や評論には、こんな大ミス、大偏向があることを痛い思いで知ったのです。

メディアの背景にはそういうことがあるのか、という認識からアメリカ側の多数の関係者たちに話を聞きました。共和党の政治家はみんな「我々が選挙やるとき、敵は二つある」と言う。敵は民主党とメディアの両方だというのです。

しかしメディアに正面から対決して、その偏向を糾弾《きゅうだん》する人間が、政治家や大統領にいなかった。その指摘を初めてしたのは、ドナルド・トランプです。CNNのロシア疑惑報道を「フェイクニュース」だと公開の場で糾弾したのです。

島田　2024年大統領選を経て、「最大の敗者は、世論調査機関とコーポレートメディアだ」という総括の声をよく耳にします。コーポレートは企業体の意味です。

古森　ワシントン・ポストやニューヨーク・タイムズは会社、つまり企業なのです。その大手の会社のメディアが弱体化してきた。アメリカには全国紙がないので、共和党支持者は、ニューヨーク・タイムズが何を書こうが関係ない。見ないわけです。CNNは視聴するかもしれないけれども、ケーブルなので全米に影響があるわけではない。そういう意味で主要メディアの在り方そのものが問われて、主要メディアが体現してきた価値観がアメリカの多数派からは排除された。今は、そういう傾向にあります。

新聞の80パーセント以上は民主党支持

島田　米国マスメディアの偏向の一つの表れですが、自由な質問を受けつける記者会見をまったくやらなかったカマラ・ハリスを批判しなかった。これがトランプだったら、「逃げるな。恥を知れ」と、猛然と非難したでしょう。ハリスは自信がないので逃げたわけですが、それをメディアはかばった。明白な二重基準であり、メディアの職責放棄です。

リアル・クリア・ポリティクスは古森さんが言われたように、単純に主要な世論調査の平均値を出しているサイトで、独自調査はしていない。メディアが全体として左傾しているので、ここの数字も当然左傾するわけですが、それでも、ヒラリーとトランプの２０１６年の大統領選を取っても、激戦州の支持率はほぼ並んでいました。ヒラリー圧勝といった数字は出ていなかった。

古森　２０１６年は７州が接戦で拮抗していた。

島田　今回の大統領選におけるリアル・クリア・ポリティクス激戦7州の数字でも、対バイデン、対ハリスのいずれにおいてもトランプが終始リードを保っていました。ところが日本のメディアでは、「ハリスに勢いが出て猛追」といった報道が多かった印象です。

しかし、常に民主党候補支持を表明するワシントン・ポストが今回は「ハリス支持」を掲げなかったように、熱狂的なハリス支持といったようなものはなかった。「作られたスター」であることが明らかでした。

イデオロギーに立脚して投票する人は、保守派はトランプと決めて動かないし、リベラル派はハリスと決めて動かない。カギを握るのは無党派層で、ここは「景気」を重視して投票行動を取る傾向が強い。どちらが経済を活性化させ、職や収入を増やしてくれるのかです。日本の選挙でも、「投票に当たって重視する要素」ではいつも「景気」が一位に来ます。

ニューヨーク・タイムズの世論調査も、時々チェックしていましたが、景気対策すなわち経済政策の信頼度においては、トランプが一貫して20ポイント以上リードしていた。景気を重視する浮動票のパターンに鑑《かんが》みれば、トランプ有利と見るのが自然でした。私がずっと「トランプが勝つ」と言ってきたのは、ここを根拠とします。

古森　日本の地上波テレビでハリスが勝つようなことを言っていた連中は、いったい何を見ているのかと思いましたね。

島田　ヒラリー対トランプのときは、トランプは政治家として未知数で、ヒラリーは上院議員、国務長官を務めるなどそれなりの経歴を持っていたので、「ヒラリー有利」という幻想にとらわれても不思議ではない面があった。

ただ、今回はトランプのほうが、ハリスより遥《はる》かに実績がありました。しかしアメリカのメディア以上に、日本の自称アメリカ専門家たちのコメントは底が浅かった。

古森　『週刊新潮』でジャーナリストの高山正之氏が、いい加減かどうかは私はわかりませんが、専門家とされる人たちの実名を挙げて批判していましたね。海野素央、前嶋和弘、中林美恵子という方々の名前でした。

島田　ＹｏｕＴｕｂｅの切り取り映像を見た限りですが、特に海野氏あたりは、発言に疑問を呈されると、頑なに声を張り上げ、さらにトランプ下げ、ハリス上げに走っていたようです。知的要素が感じられない。彼らを使うテレビ局の責任ではありますが。

自民党の総裁選でも、「反安倍錯乱症候群」のメディアが、常に安倍さんの背中から鉄砲を撃ってきた石破氏をことさら持ち上げる傾向が続いてきました。自国の政治について冷静公正な取り上げ方ができないメディアが、アメリカ政治についてバランスの取れた議論をできるはずがない。

古森　まず、アメリカのメディアに関しては、ワシントン・ポストとロサンゼルス・タイムズという主要メディアが、ずっと民主党を支持してきた。この二紙は新聞界では大物です。これが今回の大統領選で「どちらも支持しない」という立場に切り替わりました。

アメリカの新聞は、ほぼすべて大統領選挙では最終的には自紙の立場を表明します。英語でエンドース（承認とか支持という意味）という言葉があって、「私たちの新聞は××党の○○候補をエンドースします」と社説で宣言するのです。

全米の新聞だと、もう80パーセント以上は伝統的に民主党支持です。とくにニューヨーク・タイムズとロサンゼルス・タイムズ、それからワシントン・ポストは、非常に強く民主党を支持してきた。新聞の紙面は本来、報道と評論に二分されると宣言されています。報道では客観性に徹する事実のニュース報道、評論では意見や主張、そこに社説によるその新聞社自体の意見も含まれます。報道の面では不偏不党《ふへんふとう》が建前です。評論の面で、その社の主張としての特定候補のエンドースがあるのです。ところがアメリカの新聞の多くは、この報道と評論の区分を曖昧にしているのです。報道の部分で自社の意見や主張をどんどん打ちだすという事例も多いのです。

しかし今回は意外にもロサンゼルス・タイムズとワシントン・ポストが、いずれの候補もエンドースしなかった。「どちらも支持しない」と宣言したのです。ワシントン・ポストは編集陣がハリス候補を支持するという原稿をつくって待っていたのに、オーナーのジェフ・ベソスという、Ａｍａｚｏｎを創業した人物が止めたというのです。

ロサンゼルス・タイムズも、オーナーがいる。南アフリカ出身のチャイニーズ系アメリカ人の黄馨祥。彼が最終的に「ハリスの支持はやめろ」と言った。編集陣と記者陣は全員民主党びいきなので、ここでも大混乱が起きたとのことです。ワシントン・ポストはガクンとネットのほうの視聴数が落ちて、契約数も減ったようです。

これまでのアメリカのコーポレートメディアは選挙に関してどのような政治的スタンスを取ってきたかということに関して、今は曲がり角に立っている。なぜオーナーたちが、編集陣や部下が反乱を起こすのはわかっていても止めたのか。その理由は、トランプが勝つと思ったからでしょう。それから、トランプが政権を握ったときに、自分たちはビジネスをやっているので、あまり挑戦的な態度をとるのはまずいのではないかという損得勘定です。ビジネス思考ですね。

それから、全体としてリベラルな民主党は、世の中の体制としてはふさわしくないのではないか。そんな政党を企業メディアがいつもいつも無条件で支持していくことは再考すべきではないか。2人のオーナーはもしかすると、そんなことを思ったのかもしれません。

島田　時代の変わり目でしょうか。左翼イデオロギーに囚《とら》われ、知的柔軟性を欠く編集者や記者よりも、ビジネスマンのオーナーのほうが敏感に潮目を察知した。

日本マスメディアは米国マスメディアに輪をかけて異常

古森　今のアメリカが分断していると言われるのも、リベラルの行き過ぎた部分にそうではない人たちが反抗しているという構図です。静かな反抗が多いけれども、逆のリベラル側の保守や中間の層への反発は非常に激しいのです。その左の高圧的な態度が、社会の「分断」という様相を生み出していると言えるでしょう。

この社会の振り子が近年でとくに激しく左に揺れたのは、オバマ政権時代だと言えます。今は、それを元に戻そうとする正常化への復帰の動きがなお続いているとも言えるのです。元に戻そうとしているだけなのに、左の人たちは右のほうの過激なところへ行くのだと反発の叫びをあげる。保守反動、人種差別、非民主的、独裁とか、そういう過激な言葉で反発しているわけです。

今の日本のメディアも同じでしょう。メディアは分断を描くけれど、実際にアメリカでは８０００万人近くが「トランプ支持」という意思を表明した。では８０００万人の彼らは愚かかというと、そんなわけがない。島田先生も指摘されましたが、デーブ・スペクターと、お笑いコンビ「パックンマックン」のパックン、あれは酷《ひど》かった。

島田　よく外国で自分のリーダーを、あそこまで悪《あ》しざまにけなすなと思います。私も海外で、日本の首相に批判的に言及することがありますが、表現は、日本で日本人相手に話す場合に比べ、自然に抑えがちになります。

知的に掘り下げた議論が一切ないまま、「トランプはバカだ。トランプの支持者もバカだ」と叫ぶさまは見苦しい。
パックンは、「トランプは危険だ」「普通のアメリカ人はトランプを絶対に支持しない」などと口角泡《こうかくあわ》を飛ばしたらしいですが、日本のテレビで流すレベルの意見ではないでしょう。ニューヨークの酔っぱらいにマイクを向けたほうが、まだ臨場感がある。
アメリカのメディアには歪んだなりにイデオロギーがあり、確信犯的に偏向していますが、日本のメディアは、それをファッションとして受け売りしているだけなので知的要素が皆無です。ＮＨＫがよく使うらしいロバート・キャンベルという人はご存知ですか。

古森　スキンヘッドで、日本文学の研究者ですね。彼に政治のことを語らせて、中東問題がどうのこうのなんて言わせている。朝日新聞にもあったけれど、日本の中の奇妙な伝来の外人崇拝、あるいは外人の政治利用です。自分たちがこうであってほしいなという願望を、外国人を利用して、それを描く。虚像を描くときの材料に使う。メディアにとって便利な外国人がいるわけですよ。

島田　アメリカのテレビの報道番組は、対立する意見の両方を取り上げる形で構成することも多いのですが、日本の場合は反トランプ、しかも、三流以下の人物だけを出して番組をつくるのが一般です。例えば、私は朝日放送テレビの『正義のミカタ』という番組に何度か呼ばれましたが……。

古森　『正義のミカタ』に出たんですか？

島田　2021年春に二度出演して、視聴者の反応が非常によかったようですが、なぜか干され、2024年の初めに突然また呼ばれて2回出演し、これまた好意的に迎えられたと聞きましたが、再び干されました。家族からは「一発屋」と呼ばれています（笑）。左寄りの準レギュラー・コメンテーターらが「島田と一緒に出たくない」と言ったのが理由のようです。

古森　そんなことを言ったんですか？　それを局側が伝えるわけですか？

島田　事前にディレクターから、あるアメリカ専門家と競演の形になると聞かされていましたが、当日スタジオに行くと、その人物の姿が見えない。急遽《きょ》、私単独になったと聞きました。

ところが次回以降、私には声が掛からなくなり、その人物が単独で出るようになりました。別に構いませんが、テレビ局は、左からの拒否権発動には弱いようです。朝日放送テレビは朝日新聞系列なので、その影響もあるかもしれません。

古森　ある程度アメリカのことを知っていて、政治を系統的、継続的に見ている程度の人が、例えばトランプの政策はこうで、ここは良くないと言うのはいいんだけれども、基本の事実関係の把握が全然なくて、トランプは独裁だとか、専制主義だとか、民主主義の敵だとか、そんな主張ばかりですよね。

日本経済新聞も論説委員のトップあたりが解説を書いて、世界にとって危険な状態が現れるとか。日本への危機だとか。何を根拠にして、そこまで書くのか。トランプほど日本を大事にしてきた米国大統領はいないでしょう。

島田　安倍さんとよく呼吸が合っていました。

古森　拉致問題を含めて、政策面で日本にとって国益に資するのに、まったくそういう事実を見ないで解説している。それから、「アメリカはNATOから脱退するのでは」と書く。NATOについてトランプが「欧州は、もっと金を出せ」と言うのは、NATOを増強するためですからね。アメリカ第一政策研究所の政策を見ても、トランプは日米同盟重視、同盟強化路線です。トランプは日本にとって国益に資する人物であることは間違いないのに、日本のメディアは本当に異常です。

島田　同盟は責任分担が基本です。変に甘いことを言わない分、分かりやすくて良いとも言えます。

古森　何度も同じことを言いますが、トランプの政策を正しく見ていれば、「NATOから脱退するのでは」なんて解説ができるわけがない。ジャーナリストは表現力が豊富だから、「歌を忘れたカナリア」などと表現しますが、それは単にレッテルを貼って、トランプがダメだと言いたいだけでしょう。

島田　「印象操作」のつもりかもしれませんが、意味がよくわからない。

古森　トランプが物凄く乱暴な物言いをして、それを指して知能指数が低いみたいなことを言いだす。トランプの知能指数は高いと私は思いますが、日本のメディアは、とにかく知能指数が低い愚かな人物を愚かな国民が支持している、という絵図を描き続けている。

アメリカの国民の信託――マンデートという言葉を英語では使いますが――を得たわけです。これは、民主主義の一番重要なポイントで、民主的な選挙で選ばれた、民主的な指導者を「歌を忘れたカナリアだ」と、よその国から叩く。だったら根拠を示してくれ、という話です。

島田　いい加減な左翼仲間だけを出演させるから、地上波テレビは劣化が止まらない。

質の高い保守派が解説を行うYouTube番組などに、どんどん視聴者を取られるでしょう。

「切り取り報道」は米国マスメディアでも

島田　先ほどのNATOに関するトランプ発言ですが、メディアの報道は重要な部分を落としている。

NATOではつとに、「GDPの2パーセントを防衛費に当てる」との合意がありますが、実行していない欧州諸国が少なくない。この現状を、トランプは創作交じりに批判したわけです。いわく、ある国の首脳が、「もし、我々が攻められた場合、アメリカは助けてくれますか」と聞いた。そこで自分は、「義務を果たさない国をなぜ助けないといけないんだ。むしろ、好き放題やれとロシアに言うよ」と答えた——。

これを、「ロシアをけしかけるなど不見識の極み」と反トランプ勢力が一斉に非難したわけですが、実はトランプは、「好き放題やれとロシアに言うよ」のあとに、メディアが省略した締めの一句を発しています。「すると、ヨーロッパ諸国は金を出し始めた」。

古森　要するにトランプが言いたいのは、ヨーロッパ諸国は脅しつけないと動かないということですね。

島田　その通りです。脅しつけたら、みな防衛費を積み増したと。肝心の締めの一句をカットするのは、明らかな歪曲《わいきょく》ですね。

古森　まさに、「切り取り報道」ですね。だから、日本で言われている「トランプはヒットラーだ」も、どこから出てきたかといえば、ジョン・ケリーという、元々トランプ陣営にいたけれど離反して辞めさせられた人物が発端。トランプに恨みつらみがあって、本を書いた。その中で「トランプが『ヒットラーは、いいこともしたかもしれない』と言った」と書いたわけです。しかしトランプは、それを否定している。

島田　「私には、ヒットラーが持ったような将軍が必要だ」と言ったという話ですね。仮に実際そう言ったとしても、面従腹背《めんじゅうふくはい》したり、寝首を掻《か》いたりしない忠実な部下が欲しいという意味でしょう。ヒットラーの虐殺行為とは関係ない。そしてトランプは、発言自体を否定しています。

古森　２０２１年１月６日に暴徒が議事堂に乱入した事件がありました。これはトランプの責任だと、民主党が言った。メディアもトランプの責任だと煽《あお》った。でも、トランプはその前の演説で「平和的に行け」と言っているんです。「ピースフリー（平和的に）」と何回も言ったのだけれども、その事実は報道されない。

島田　トランプの意図は、大統領選投票結果の再検証を求める共和党議員たちに議事堂の外から声援を送ってくれという程度だったと思います。

古森　ジョン・ボルトンもトランプと喧嘩して、回顧録を書いた。「ＮＡＴＯは大したことがない」と否定的なことをトランプが言った、と。「だから、トランプはＮＡＴＯを脱退するかもしれない」と書いている。日米の論者は、このジョン・ボルトンの回想録から情報を入手している場合が多い。でも、よく読むとＮＡＴＯの完全否定などはしていないし、そもそも伝聞であって、トランプの敵になった人たちが書いている。

伝聞でトランプの政策はこうだと決めつけること自体が、それこそ悪質な「切り取り報道」です。だから前提として、トランプは悪い人間なので叩かなければならない、という思い込みがあって、反トランプ錯乱症みたいなものがある。同じことを言うけれども、同盟国の国民多数が民主的に選んだ指導者を、「歌を忘れたカナリア」だとか、「ヒットラーだ」とか言い続けて、いったい日本のメディアは何なのか。

島田　先ほどの「2パーセント防衛費約束を果たさない国には、好き放題やれとロシアに言う」発言は、トランプ流のホラ話ですね。当時、大統領安保補佐官だったボルトンも、「その部分は作り話」と証言しています。

古森　今、島田さんは「ホラ」と言いましたね。しばらく聞いたことがなかった言葉です（笑）。

島田　ホラ吹きの「ホラ」。トランプの場合、よくあります。

古森　ボルトンは完全に反トランプですが、そのボルトンも「トランプがGDP2パーセントの約束を果たせ」と言ったのは事実だけれど、「ロシアは好き勝手にしていいということは言っていなかった」と証言している。

島田　ボルトンがわざわざトランプを庇《かば》うはずがありません。

古森　ところが米国マスメディアは、それを大きく報道しない。そして、首脳会議の場で、トランプがロシアに好き勝手にやれと言ったら、すぐにその時点でリークされて、大ニュースになっています。その時点でニュースにならなかったということは、ホラですよ。常識でわかる話ですが、米国マスメディアが意識的に歪《ゆが》めたと言わざるを得ない。それをまた、日本マスメディアがより単純化して受け売りする。本当に情けない話です。

スティール文書を事実のように報道したCNN

島田　カマラ・ハリスは候補者として非常に質が低かった。毀誉褒貶《きよほうへん》あるが、存在感もそれなりにあったヒラリー・クリントンとは大きく違います。バイデンもハリスを評価しないどころか、むしろ嫌っていた。

ハリスは2020年の民主党大統領候補予備選に出ようとしたが、発言がコロコロ変わるため、選対責任者が「これほど混乱した選挙戦は見たことがない」と捨て台詞を吐いて辞任するなど陣営が混乱を極め、支持率が4パーセント程度まで落ちたため、予備選開始前に撤退を余儀なくされました。

求心力が非常に弱い政治家ですが、黒人の血が入っている女性で一見キャリアウーマン風という外面的理由から、バイデンが副大統領に選んだだけの人でした。

バイデン大統領がもっと早い時期に再選断念を表明していたら、ハリスではなく、民主党知事の誰かあたりが候補になっていたでしょう。ギャビン・ニューサム・カリフォルニア州知事やジョシュ・シャピロ・ペンシルベニア州知事、グレチェン・ウィトマー・ミシガン州知事など、意欲を見せていた50代の左翼政治家が何人もいました。彼らなら、バイデン政権のあまたある負の遺産とは一応無関係と言えるので、トランプにとってより脅威となったかもしれません。

ハリスは、いくら口で斬新な政策転換を訴えても、「それなら、副大統領なのだから今やれ」と切り返される。あらゆる意味で非常に弱い候補でした。

ところがバイデンの撤退表明が遅きに失したため、名目ナンバー2のハリスが手を挙げた以上、民主党としては、改めて予備選をやる時間もなく、担がざるを得なくなった。スーパースターであるかのごとく、主流メディアとタイアップして宣伝戦を繰り広げましたが、やはり無理があった。順当に負けたというところでしょう。

古森　ハリスに関しては、米国マスメディアからも、島田さんが指摘されたように、「物事を明確に表現する能力に欠ける」「政策面の実績がまったくない」などと指摘されています。そして最大の欠点は、政策がコロコロと変わる。

例えば、フラッキングについて。フラッキングとは「水圧粉砕」のことです。石油やガスを採掘するために3000メートルぐらい掘って、地層を壊す。ハリスは当初、全面禁止としていましたが、その方針を変えた。それから、「国境警備は厳し過ぎる」という主張を逆転させた。挙げ句の果てには、「私の政策は変わったかもしれないけれど、価値観は変わっていない」と言い逃れした。ハリスの最大の弱点は政策の逆転・反転、これも日本のメディアは、ほとんど報じてない。

日本のメディアが報じていないことについて付言すれば、「ロシア疑惑」もそうです。アダム・シフという民主党の下院議員の論客がその疑惑を真実だと断定して、トランプ攻撃を展開しました。しかし下院本会議はこの疑惑が虚構だったと断定して、その虚偽を事実であるかのように言い続けたシフ議員への懲罰動議を可決しています。問責決議です。ロシア疑惑なるものは、ロシア政府とトランプ陣営が共謀していたという民主党側の主張でした。

アメリカの中で少なくとも議会では「虚偽」という結論が出ているけれど、日本のメディアはまったく書かない。ロシア疑惑があたかも本当で、事実であったかのような、ふわふわとした報道しかしていない。「事実だけれど証拠がなかったか」なんて、訳のわからないことを書いているわけです。日本のメディアは、とにかく無責任。いい加減すぎる。

島田　確かに2016年の大統領選において、ロシアが独自に選挙干渉をしたことは間違いない。

古森　ロシア政府は、独自にはやりましたね。ただしトランプ陣営との共謀だったなどという事実はなかった。

島田　ソ連の時代からアメリカの選挙には常に介入工作しているので、ロシアの策動自体はニュースでも何でもない。2016年の大統領選でも、例えば民主党選挙管理委員会のメンバー間のメールをハッキングして、公開しました。

これがヒラリー陣営に打撃となったのは間違いない。例えば、予備選でヒラリーのライバルだったバーニー・サンダース上院議員を引きずり下ろすため、サンダースは無神論者だという噂を流そうといった謀議の存在が明らかになりました。当然、サンダース支持者は激怒しました。

ロシアは、ハッキングはしましたが、メールを捏造したわけではありません。ヒラリー陣営の自業自得です。トランプ陣営は一切関与していません。私は産経新聞の「正論」欄に書きましたが、この辺りのファクトが、日本のメディア一般では伝えられなかった。

古森　ロシア疑惑を記したスティール文書というものがある。イギリスの元諜報工作員でクリストファー・スティールという人物がいて、ロシアを専門に担当していた。辞めた後、アメリカの民主党系の企業コンサルタントの会社に雇われて、結局はヒラリー陣営から委託されてスティール文書を書いた。中身は、いい加減なわけです。

いい加減なスティール文書をニュースとして事実のように報道したのがCNNで、トランプが「フェイクだ」と指摘した。そこから、トランプと主要メディアの対決がますます明確になった。そういう背景も、日本のメディアはほとんど触れない。

島田　スティール文書の内容は、ロシアのホテルでトランプが目の前で売春婦に放尿させているビデオがあるといった類でした。

古森　トランプは、その時期にロシア以外の場所にいたことが確認されている。モスクワのホテルには行っていないんですよ。別の場所にいたことがわかっている。

島田　かつ、トランプは、「清潔好きの私が、そんなことを考えるはずもない」と言っていましたが、実に次元の低い荒唐無稽な話です。当然ながら、ロシア疑惑は結局、立ち消えとなります。はじめから余りにも無理筋でした。

議事堂乱入事件も、トランプの内乱教唆《きょうさ》云々は無理筋です。当日議会で大統領当選者を最終的に確定する会議が開かれ、テッド・クルーズ上院議員など共和党の何人かの議員が、投票不正疑惑の検証を訴える予定でした。それらの議員に対し、外から応援のシュプレヒコールを上げようといった程度の話でした。乱入自体は論外ですが、内乱と言ったレベルではまったくない。

この事件で苦労を強《し》いられたのは警備警察です。警察はトランプの最大の支持基盤の一つで、彼らに死傷者が出かねないような混乱をトランプが望むはずがない。

あの事件の死者は5人とされますが、1人は翌日静脈血栓《じょうみゃくけっせん》塞栓症《そくせんしょう》で亡くなった警官で、外傷はなく、解剖の結果「自然死」とされています。2人目は元空軍兵士の女性で、バリケードを乗り越えようとしたところを警官隊に胸部を撃たれて亡くなりました。

古森　撃たれましたね。

島田　武器など持っておらず、警察側の過剰防衛でしょう。3人目は覚醒剤の過剰摂取が原因で倒れた。残る二人は心臓発作です。2人とも議事堂内に入った形跡はなく、自然死とされています。バイデン大統領は、南北戦争以来の反乱事件と形容しましたが、明らかに無理があるでしょう。

古森　飛躍が凄かった。

島田　まったくの誇張であり、実際は大した事件ではありません。日本のマスコミは、トランプが大規模暴動を煽ったかのごとき報道を今でも続けていますが、実態から大きく遊離しています。

古森　その前提に、2020年の選挙に不正があったと。不正があったのは事実です。間違いありません。いろいろなところで起訴されて有罪まで出ています。ただ、トランプが言うほどの数ではなかった、という認定になった。それでトランプが言っていることは全部ウソだという論調が始まった。日本の中でもあります。

側近だった人々がトランプに不利なことを言う理由

島田　ところで、トランプが重職に就けた人間が、退任後、少なからずトランプを批判し、あるいはトランプの人間性に疑問を持たせるような証言をする。ケリー首席補佐官、ボルトン安保補佐官、マティス国防長官、マクマスター安保補佐官等々です。これは、どう分析されますか。

古森　いくつか理由がある。一つはトランプがワシントンとか、政策担当者について知らなかった。トランプが当選してワシントンに乗り込んできた当時の回想を2時間くらいインタビューで喋っています。そこで「本当にわからなかった」と言っていて、例えば国務長官のレックス・ティラーソン（元エクソン・モービル会長兼ＣＥＯ）がどんな人物なのかを知らないわけです。では、なぜ選んだかというと、大企業で有名な人でエクソンの管理ができるのだったら、アメリカ外交も立派に務めてくれるだろうといった感覚です。

それからジェームズ・マティスも有名な将軍だったけれども、トランプはよく知らなかった。本当の戦争観、平和観、抑止論、その他に関しても、トランプは自分と同じような考えを持っているかわかっていない。アメリカ議会にもトランプにとっての有益な共和党側の人材は多数、いたはずです。とくに共和党の上院議員にはレベルの高い人が集まっていたはずです。しかしトランプ政権に入ると言ったのは1人しかいなかった。ジェフ・セッションズという人で、あまり出来はよくない。でも司法長官に任命されてしまった。しかし不適格ということで、半年ぐらいで辞めた。トランプが当時、人材を知らなかったという例証です。

それから、人物の存在や知名度を知っていても、その人たちの内部の考え方をトランプは知らなかったというケースも当時は多々ありました。例えばジョン・ボルトンは、タカ派で強硬派です。トランプがジョン・ボルトンと喧嘩別れした後、ぽつりと述べていたのは、「ボルトンは何かと戦争をやろうとした。私がそれを止めた」ということです。

私は、ボルトンにはよく接触していました。日本に対しては好意的です。バイデン政権、オバマ政権のときにボルトンのところへインタビューに行くと、いつでも会ってくれて、日本に対して非常に理解がある。でも、やはり強硬派です。イランに対しては、戦争をやって潰してもいいくらいに思っている。

島田　私もボルトンには何度も会い、彼の安保補佐官就任は大変よい人事だと思いましたが、ここまで反トランプに転ずるとは意外でした。北朝鮮政策では、トランプ大統領にしかるべきブレーキを掛けたと今でも評価しています。

古森　もう一つはトランプという人の気性で、こうだと思ったら、自分と違う意見とは徹底して戦う。まあまあ、いいじゃないのというところがない。それで、対立する。

島田　第2期政権の人事を見ていると、総じて、非常に先鋭な主張をするが、性格的に馬が合う人材を集めようとしているように思えます。

古森　国防長官のヘグセスは州兵でした。第2期政権の人事を見ていると、まず早い。コロラド州のフラッキングの会社の社長がエネルギー長官だとか、フロリダ州で民主党側のトランプ起訴は政治迫害のための司法機関の武器化だと非難していた女性の元州司法長官が連邦政府の司法長官だとか、リベラル派に対する横っ面を叩くような強烈な人事をやっている。アメリカは変わりますよ。

島田　トランプは粗暴で刹那的というメディアのイメージ操作に反して、第1期トランプ政権は、ファシズム政権やテロ勢力に大きな紛争を起こさせず、うまく封じ込めていたと思います。

古森　トランプ政権の4年間、世界のどこでも新たな戦争は起きなかった。1件も起きなかった。この事実の意味は大きいですね。

第4章
ウクライナ戦争、中東情勢は安定へと向かうか

トランプが重視する抑止力＝「力による平和」

島田　バイデン政権時代は、まず米軍がアフガニスタンから潰走してタリバンのテロ支配復活を許し、ロシアの露骨なウクライナ侵略が起こり、中東でもイランの配下にあるテロ集団が動きを活発化させました。

古森　さらにバイデン政権時代に起こったのは、中国の軍事パターンが変わったことです。台湾との防空識別圏（台湾側の領空に近い）に、中国側の爆撃機とか戦闘機がどんどん入ってくるようになった。これは、トランプ時代には起きなかった。明らかに、中国の軍事行動のパターンが変わった。

島田　弱いバイデンには挑発的な行動を取っても大丈夫という安心感からでしょう。

古森　バイデン政権の対中政策は意外と強固な面もあった。ただしトランプと似ていると言われていますが、いくつかの部分で違う。致命的というか、決定的に違う部分は軍事です。

島田　トランプは国家安全保障戦略の基本において、レーガン流の「力を通じた平和」を掲げています。「トランプは予測不能」という心理的圧力に加え、軍事的な即応態勢を強化して抑止力を高めるという発想です。

古森　中国と戦争して勝つという能力を持つことです。これが戦争を防ぐ最善の方法だと言っています。日本の憲法9条とは正反対の考えで、何もなければ安全という考えとはまったく違う。

中国だって理性のある国家なので、戦争が好きなんてことはない。戦争には必ず目的があるわけです。戦争によって得られるプラスの利益と、その過程で失うマイナスを計算して、プラスのほうが多いとなれば戦争をやる。明らかに相手が強くて、負けることがわかっている戦争はしません。中国でなくても、する国はないでしょう。

島田　対中抑止を最重点に、トランプ第1次政権時には国防予算の2桁増を毎年続け、計2倍にしました。逆にバイデンは減らしています。中身においても、基地の脱炭素化など戦闘能力と関係ないところに、かなり予算を回した。

古森　直近は1パーセント増で、実質上のマイナスです。中距離の潜水艦発射の核ミサイルをトランプは開発すると決めた。この開発は、中国側は嫌がる。潜水艦というのはアメリカが圧倒的に有利。中距離ミサイルも、中国のほうが地上配備の中距離ミサイルをたくさん持っているけれども、アメリカはソ連のSS20ミサイルをなくす条約で自国の中距離ミサイルも全廃したので、現在もほとんど持っていない。だからアジアでの中国との不均衡を是正するためには、この中距離核ミサイルの開発は重要でした。しかしバイデン政権は、その開発を止めてしまったのです。

ウクライナに関しても、トランプ、バイデンでは態度が違う。バイデンはロシアがウクライナを攻めそうだとなったとき、「もし、攻めたら経済制裁でアメリカは対応する」と言ったわけ。軍事を省いた。

島田　ウクライナへの軍事支援も小出しで、いかにも及び腰でした。アメリカが前に出ないと、欧州NATO諸国も踏み込めない。イランの子飼いと言えるハマスのイスラエル攻撃も、バイデンの対イラン宥和政策が誘発した面があります。

古森　イスラエルの背後にいるアメリカの対応は当然気になるけれども、バイデンは強固な反撃はしないだろうと思われた。たとえば、シリアのアサドが化学兵器を使ったら、トランプは59発のミサイルをすぐに撃った。バイデンはそういう制裁や反撃はしないだろうと思われて、各地で戦火が広がったわけです。

島田　トランプは、最高指導者ハメネイに次いでイランの実質ナンバー2とも言われた、対外テロの責任者ソレイマニの殺害作戦まで実行しました。これは相当な抑止力になったと思います。

古森　だから、トランプが出てくれば、軍事力を使っていろいろ政治状況、経済状況、外交状況を変えたいと思っている国は自制せざるを得ない。トランプは自分で言っているけれども、何をやるかわからないと敵対国やテロ組織から恐れられている。

だから、「力の行使による平和」になる。この場合の力というのはストレングス（強さ）という言葉を使っていて、強さほぼイコール軍事力、軍事力が主体ということです。今の世界はアメリカの抑止力が極端に弱くなった結果の混乱であり、動乱なのです。トランプは抑止力を重視するので、世界の秩序はトランプによって安定の方向に向かうと思います。

「私が大統領だったらウクライナ侵略はなかった」の根拠

島田　トランプは、「アメリカは世界の警察官ではない。同盟国、友好国は、自らの安全保障に責任を持て」との姿勢が、歴代大統領の誰よりも鮮明です。海外に展開した米軍の役割は出来るだけ同盟国、友好国に肩代わりさせ、その資金をアメリカ国内のインフラ整備に回す。当然と言えば当然の発想です。このあたり、日本は高をくくるべきではないと思います。「平和憲法」の縛りがあるので、といった言い訳は通用しません。一層叩かれるだけでしょう。

この点、日本の政治家が拳々服膺《けんけんふくよう》すべきは安倍首相の対応です。第1期トランプ政権が発足した直後、北の核ミサイル挑発によって朝鮮半島危機となった。トランプは空母機動戦隊を三つ日本海周辺に送り、斬首作戦の構えを見せました。最大限の軍事的圧力を掛けたわけです。そこで震え上がった金正恩は、召使い扱いしていた文在寅韓国大統領をメッセンジャー役に、事態を収束すべく米朝首脳会談を働きかけました。

シリアのアサドが子供たちを含む自国民を化学兵器で殺戮したことへの懲罰としてトランプが行ったミサイル攻撃も、習近平がちょうどフロリダのトランプ邸に来ているときに行った。中国に対する実地教育にもなったでしょう。

ロシアのプーチンは、ブッシュ大統領がイラク戦争泥沼化で求心力を失った政権末期に、グルジアに侵攻しました。続くオバマ時代に、ウクライナ領クリミア半島を併合した。そしてバイデン時代に、ウクライナ本格侵攻の挙に出た。しかし、その間のトランプ時代には、露骨に兵を動かすことをしなかった。これが客観的事実です。

プーチンのウクライナ侵攻は北京冬季五輪の直後。中国の黙認を事前に取りつけた上でのことです。バックアップを頼んで、陰に陽に協力するという約束を取りつけた。その前段階としては、やはりアフガニスタンからの米軍潰走《かいそう》が大きい。「バイデンに状況コントロール能力なし」を印象づけました。非常に混乱した形で撤退に追い込まれ、多くの米軍協力者が見殺しにされました。

古森　そして、バイデンの極端な炭素排除主義の間違いで、アメリカの石油や天然ガスの掘削量が減って、ガソリン価格が上昇した。

島田　それが政権の支持率低下につながったため、焦ったバイデンは、あろうことか反米独裁国家であるベネズエラやイランに石油増産を要請しました。

かつ、トランプが離脱した抜け穴だらけのイラン核合意に復帰すべく、再交渉を進めようとした。ところがイランが、「核合意から一方的に抜けたアメリカは締約国会議に参加する資格はない」と相手にしなかった。窮したバイデンは、ここでもあろうことかロシアに、イランとの裏交渉の仲介を頼んだわけです。
こうしたバイデンの迷走を見て、プーチンが「アメリカは自分に逆らえる状況にない。手玉に取れる」と見切ったとしても何ら不思議はない。

古森　当時、アメリカはロシアの石油を輸入していた。多いときは69万バレルぐらい。

島田　自国のエネルギー供給すらロシアに依存する状態となっていたわけです。ちなみにトランプ時代には、アメリカは世界最大の産油国であり、輸出国でもありました。欧州とロシアをつなぐ天然ガスパイプライン計画「ノルドストリームⅡ」にもゴーサインを出し、特に原発を廃棄したドイツはロシアにエネルギー供給を大きく頼る状態となりました。
これらのことを総合して、プーチンは、ウクライナに侵攻しても、アメリカもヨーロッパも動けないと判断したわけでしょう。「私が大統領だったら、プーチンのウクライナ侵略はなかった」というトランプの主張には、十分な根拠があります。

古森　少し話が重複しますが、アフガニスタンからのバイデン大統領の撤退ぶりは非常に惨めな結果で、バイデンは弱いということを世界中に印象づけてしまった。私はそのとき、ワシントンにいたけれど、ワシントンまで急に警備体制が厳しくなった。

なぜかというと、カブール空港でアメリカ兵が多数、殺されたからでした。

島田　警備に当たっていた13人の若い兵士が爆弾テロで亡くなりましたね。

古森　アメリカがそれまで20年間、せっせと育ててきた非タリバン政権、民主的とされた政権が、あっという間に崩れた。トランプもやがてはアフガニスタンからは撤退することを決めていたけれども、最低限の必要な軍隊は残すと決定し、統合参謀本部も同意していた。２５００人の海兵隊員を、期限をつけないでアフガニスタンに残すと決めていたのです。ところがバイデンが出てきて全面撤退になった。8月31日に撤退となって、それで均衡がガタガタと崩れた。

テロ攻撃が起きて13人の海兵隊員が死んだ。この人たちの遺族の追悼式の際に、遺族の目の前で、バイデンが腕時計をちらちらと見た。それで海兵隊の遺族の心は民主党から決定的に離れて、みんなトランプの強力な支持者になった。

このアフガニスタン撤退の惨めな状況がバイデン政権の骨幹というか、中核の部分の在り方を、全世界に否定的に印象づけてしまったと言えます。

北朝鮮への対応が対照的なトランプとバイデン

島田　北朝鮮に対しても、バイデンとトランプでは対応が大きく異なりました。バイデンが副大統領を務めたオバマ政権の対北標語は「戦略的忍耐」。国連安保理制裁決議に違反した船舶を多少捕捉した程度で、ほとんど何もしなかった。それが朝鮮半島危機につながった。

この時のトランプの標語は「炎と怒り」(fire and fury)。この軍事的圧力の結果、北は核実験や長距離ミサイルの発射実験を停止した。トランプ・安倍体制が続いていたら、拉致問題解決を含むさらなる展開も期待できたと思います。

バイデン政権はオバマ政権同様、何もしなかった。それどころか、北が交渉のテーブルに出てくるだけで食糧支援という、日本の交渉カードを弱めるような動きを水面下で続けていました。幸い北が応じなかったため、食糧支援は実現しませんでしたが。

古森　反対にトランプのときには、頻繁に論評されたし、議会でも議論があった。政権にいる要人も、北朝鮮について語ったし、民間の研究機関の専門家たちも、いろいろな意見を発表した。必ずその中にあった重要な要素は、軍事的手段。軍事的オプションでした。何かあったとき、軍事的手段をとるぞという基本姿勢でした。斬首作戦なんていうのもあった。

島田　国防大学の研究報告書で、金正恩除去のさまざまなシナリオを具体的に論じたものがありました。外国の元首をアメリカ政府が暗殺することは、フォード政権時代の大統領令以来、公式には禁じられているので、アメリカ側が「殺す」とは言っていませんが。

古森　私もその報告書を詳しく読みました。もし金正恩が殺される場合、どのような方法があるかという想定の研究なのです。ケースを分けて、ジョン・F・ケネディ型というのが想定されていました。オズワルドというソ連と関連のあった人物が遠距離からの狙撃で暗殺を図るというシナリオです。別なシナリオでは朴正熙型というのもありました。最側近の一番親しい友人だと思っていた人物に殺されてしまうという事例です。こうした内容はもちろん金正恩自身にも伝わったでしょう。だからパニックに近い反応がうかがわれたわけです。

トランプ政権の登場前、オバマ政権時代までは、北朝鮮と韓国の全面戦争を起こすような挑発的な言動はアメリカ側も絶対に取ってはならない、という抑制の意識があったと言えます。なぜかというと、北朝鮮が大攻勢をかければほぼ自動的に38度線に近いソウルに対する集中的な攻撃となる。となれば、何十万人という民間人が死ぬ。だから、そのような悪夢のようなことを引き起こす戦争は絶対に起こさない、戦争につながりうる軍事的な対応を一切、語らない、という自制の意識があったわけです。

ところがトランプになったら、電磁波攻撃とかレーザーとかサイバーとか、いろいろな方法があることが、軍事テクノロジーの発達とともに明らかとなってきた。大規模な犠牲者を出さなくても攻撃できて、防戦もできるとなった。だから金正恩は慌てふためいて、トランプ側に「とにかく会ってくれ」と懇願したわけです。

島田　一方、バイデン政権の朝鮮半島政策には明確な筋がありませんでした。北朝鮮の度重なる中短距離ミサイル発射に事実上何も対応しない一方、突然、韓国の尹大統領を国賓で招いた。「韓国の中で核武装論が出てきていることに、バイデン政権が神経質になった結果」と言われています。

古森　それを抑える一つの方法として、尹大統領を呼んで、仲良くしようということだった。そのすぐ後に、日本の岸田首相も参加して日・米・韓の三国首脳会談を開いた。この会談自体はバイデン政権の外交の成果だったと言えましょう。日韓両国が、初めて安全保障面で公式の協力を打ち出したのですから。ただし、その韓国の尹大統領が退陣に追い込まれたのは歴史の皮肉でしょうか。

しかし、武力の効用を信じる北朝鮮のような国は自国が武力で脅されると、あたふたとして、対話を求めるようになる、という行動パターンはおもしろいですね。トランプ政権は、北朝鮮のそうした特殊体質をうまく衝《つ》いたといえます。

島田　安倍首相は、2回の米朝首脳会談の後、トランプ氏に対し「あなたは常に強面《こわもて》で行かないといけない」とアドバイスしたそうです。安倍さんから直接聞きました。もう米軍による攻撃はないと金正恩を安心させてはいけない。

私は日本保守党から衆議院選に立候補した際、「拉致被害者を救う会」の副会長を辞任しました。選挙は他党と争う「戦争」なので、国民運動の立場と相容れないとの判断からです。もっとも、家族会・救う会との関係は従来以上に密接です。国会議員の立場で、拉致問題解決のために全力を尽くします。

毎年5月の連休に家族会と救う会、拉致議連でチームをつくり、ワシントンを訪問してきました。古森夫妻にも毎回お世話になっています。その中で、バイデン政権になって以来、トランプ時代とは違う危うさを何度か実感しました。

例えば、ホワイトハウスでインド太平洋調整官を務め、その後国務副長官になったカート・キャンベル。オバマ政権時代には対北外交の実務を取り仕切る国務次官補でした。その彼が、バイデン政権幹部として我々と会ったとき、「北朝鮮を対話の場に引き出すため食料支援を提示しているが、応じてこない」と言いました。それこそ、「人道支援」再開は拉致問題解決とセットとする日本の対北交渉を掘り崩しかねない話です。キャンベルだけでなく、彼の弟子筋に当たる国務省のジュン・パク北朝鮮担当官も同様の発言をしました。

古森 つまり、北朝鮮に食糧支援をするので、ぜひ対話の場に出てきてくれというお願いをするというわけですね。

島田 その通りです。バイデン政権全体として、食糧支援をタダ取りされるおかしな宥和《ゆうわ》外交に流れかねないと感じました。トランプは軍事的圧力で金正恩を対話の場に引き出したわけですが、バイデンは食糧支援で対話を買おうとしている。「食糧を渡すから、実務レベル協議に出てきてくれ」というわけです。幸い北朝鮮が応じなかったので事なきを得ましたが、危うかったと思います。

そしてキャンベルはもう一つ、「拉致問題を進展させたいなら、中国に頼むのがいい。北朝鮮に影響力を持っているから」とも言った。これまた、とんでもない話です。中国は恩を売るふりをして日本に様々な問題で譲歩を迫りはしても、真面目に動くことはありません。北もまた、北京に促されて何か積極的意義のあることをしたためしはない。バイデン政権は、北朝鮮認識、中国認識ともに実に怪しかったですね。

第2期トランプ政権は日本にとって好ましい政策をとる

島田　北朝鮮の核問題に関するアメリカの公式の立場は、ずっとＣＶＩＤ（complete, verifiable and irreversible dismantlement）でした。

古森　いわゆる、北朝鮮の完全で、検証可能、不可逆的な非核化ですね。最後の単語はdenuclearizationと記されることもあります。シンガポールでのトランプ大統領との会談では金正恩は、「はい」とうなずき、合意文著にサインしました。しかし帰国してからは、それを実行しなかった。

トランプ政権としては、ＣＶＩＤという北朝鮮の完全非核化の目標はいまもずっと掲げ続けています。でも、バイデン政権は本当に北朝鮮の完全非核化を求める気があるのかは疑問です。

バイデン政権には、スーザン・ライスという大統領補佐官がいました。本来は国際問題の専門家だったのだけれど、評判が悪くて、バイデン政権では国外問題ではなくて、国内問題をずっとやらされていた。スーザン・ライスは、北朝鮮についてはよく知っている人だけれども、トランプ政権時代にニューヨーク・タイムズで「完全非核化をやめて、核軍備管理でいい」という意見を発表しました。どういうことかというと、北朝鮮を核保有国として認めたうえで、核の在り方をうまく管理する、という考え方です。「北朝鮮を核保有国として正式に認めるときが来た」と言ったんですよ。

すると、トランプ政権の内外にいる人たちが一斉に「とんでもない」と反対した。そういう経緯があるので、バイデン政権のほとんど北朝鮮に関して何もしないというやり方を見ていると、背景として核武装を許容してもよいとするような流れを感じるのです。

北朝鮮問題は、日本にとっては拉致問題も絡んでいます。アメリカにとっても、核兵器拡散や朝鮮半島の安定化などは重大な課題です。だから、次の政権がどういう政策をとるかは重要です。少なくとも第2期トランプ政権は、バイデン政権よりも日本側にとっては好ましい政策をとるでしょう。

島田　まさにスーザン・ライスは、「北朝鮮を核保有国として認めるべき」との趣旨を述べました。事実を認めるだけだからいいじゃないのと思う人もいるでしょうが、核保有国として「認める」というのは、核開発に関して科してきた制裁を解除するという意味です。逆に、「認めない」とは制裁を科し続けるという意味。

インドの例が参考になります。インドは核兵器拡散防止条約（NPT）に入っていないため、国際的な「核供給国グループ」から原料のウランなど核関連物資を買えない状態が続いていました。ちなみに一貫してNPTに入っていないのは、インド、パキスタン、イスラエルの3カ国です。

他に、一旦加入して核関連物資の供給を受けながら「食い逃げ脱退」を宣言した北朝鮮があります。北に特に強い制裁が科せられたのは、食い逃げを許すとNPTのシステムが崩壊するからです。

さて上記4カ国のうちインドだけが、2008年9月、国際原子力機関（IAEA）理事会において、NPT非加入のままでも各国から原子力協力を受けられると例外扱いを認められました。インドをよりはっきり自由主義圏に組み込みたい米ブッシュ政権が主導したものです。

ここにおいて「責任ある国」（responsible state）の核保有については、経済制裁の対象にしないという流れができました。日本がNPTから脱退して独自核抑止力の保有を宣言しても、国際制裁を受けることは考えられません。

しかし北朝鮮は違います。あらゆる面で「責任ある国」とは言えないからです。

古森　核保有国として認めるのは、制裁を解除し、かつ核開発に必要な原料とか部材をその国に供給してもいい、という話ですよね。

島田　その通りです。だからスーザン・ライスの提案は極めて無責任なものでした。

古森　北朝鮮を核保有国として認めたら、本当に大変なことになる。韓国だって、核武装の気運が高まるし、日本にとっても隣国の北朝鮮が公式の核兵器保有国になった場合の国家安全保障への負のインパクトは計り知れないでしょう。日本自体の核武装論も出てくるでしょうね。

島田　私は、日本は独自の核抑止力を持つべきだと主張しています。イギリス型の核ミサイル搭載原潜４隻からなるシステムがモデルになるでしょう。独自核抑止力を持つことで初めて、中国と相互核軍縮の交渉もできるし、平時において相互に核ミサイルの照準から相手を外すといった米中間のような取決めも可能になる。日本国民の安全度が実質的に高まります。

日本保守党は国会ではまだまったくの少数派ですが、そうした党が出てきたというだけでも中国に対する牽制になる。北京が傍若無人な態度を取り続ければ、日本保守党の勢力が一層大きくなるでしょうからね。

古森　アメリカでもごく一部では賛成論もあるが、大多数は官民ともに反対だと言えます。ただし、もし日本が核武装する場合にはどんな方法があるか、というような研究は古くからありました。

最近でも政権の本当の中枢にいた人が、「日本も核武装するのではないか」と漏《も》らしていました。それは、アメリカにとっていいことだと。アメリカが日本のために果たしている防衛努力が少なくなるから、という複雑な理由づけでした。

ただ、こうした意見は単独であり、後続や広がりはない。日本が核武装してもいいか否かは、今のアメリカの政府レベルでは明確なノーです。歴代のアメリカ政権はNPT、核拡散防止条約という大枠を保つことを基本政策としてきました。この条約は国連が全面的にバックアップしている。アメリカの中でも核兵器保有国は、できるだけ最少に保っておくことが最善だという考えがコンセンサスだと言えます。日本の核武装の許容はこの大前提を崩すことになる。

ただし、日本が主権国家として独自に核武装という政策を決めて、インドとかパキスタンのようにNPTから脱退して「NPTの外で勝手にやりますよ」と言ったときは、アメリカとしても日本の核武装を認めざるを得ない。アメリカはかつて核武装を目指すインドに対して批判的となり、冷淡とか侮蔑という感じの言動も取っていました。しかし、インドが実際に核兵器の保有国になった途端に態度が変わった。「仲間だから、一緒に仲良くやっていこう」といった態度に変わった。核兵器の効用は北朝鮮の事例が示すように、あんな貧乏国が核兵器を持つか、持たないかということになると、急に世界の主役に躍り出る。

島田　日本が明確に意志を固めないまま、「日本核武装をどう思いますか」と聞けば、当然アメリカ側は「ややこしいことはやめてくれ」と言うでしょう。

しかし、中国、北朝鮮、ロシアという危険な核保有国に囲まれた「責任ある国」日本が本気で乗り出したとなれば、アメリカは、日米の同盟関係を壊さないという観点から、新たな態度に出てくると思います。現に私はトランプ周辺から、「独自の核抑止力を持つかどうかは日本が決めること。日本が真剣に乗り出すならサポートする」といった言葉も聞いています。

トランプ自身、2016年の米大統領選のさなか、「日本が独自に核を持って北朝鮮の狂った男を抑える。アメリカにとっていいことじゃないか」と発言しました。単なる放言だったか、正しい予測だったか、決めるのは日本。重要なのは日本の意志です。

トランプ陣営は日本との核シェアリングに賛成

島田　現に1973年の第四次中東戦争で存亡の危機に立たされたイスラエルが、戦後、独自核保有の方針を決めたとき、時の米大統領ニクソンは、「核実験さえ控えてくれたら、保有自体は黙認する」と伝えました。

イスラエルが「国家の至高の利益」に照らして不退転の決意で核保有するという以上、反対や妨害で関係を悪化させるのは賢明でないとの判断でしょう。頭に入れておきたい先例です。

日本やイスラエルのようなテクノロジー大国の場合、核爆発実験抜きでも、コンピューター・シミュレーションだけで機能する核爆弾を開発できる。そう周辺国が思えば、十分な抑止力を発揮します。国際的なハレーションが大きい核実験は必要ありません。

古森 日本の核武装については、数十年にわたって、アメリカ側の一部では「日本の核武装のシナリオをどう描くか。核武装を認めてもいいのではないか」と主張する人はいたのですよ。例えば、「北朝鮮の核武装を止める最善の方法は、日本が核武装すること」と、ある上院議員が言っていました。日本が核武装をして一番嫌がるのは中国でしょう。その中国が、日本が北朝鮮の核兵器開発を理由に独自の核武装をするとなったら、北朝鮮に核開発を止めさせても、日本の核武装を阻止するだろう、という意味でした。

島田 中国は、日本に独自核抑止力の保有を思いとどまらせようと全力を尽くすでしょうね。

古森　それからアメリカでは民間の学者の間でも、日本も核武装をするべきときが来た、という意見もある。それは日本への信頼ということと重なっています。日本はアメリカにとって信頼のできる民主主義国家であって、しかも、成熟した民主主義の国だからアメリカの仲間だと。

核兵器をインドやパキスタンが持って、中国が持って、北朝鮮も持って、イランも持っているというとき、日本も核兵器を保有したほうが国際安全保障の均衡がとれる、という意見です。まともな議論だと言えます。民間のきちんとした学者が、数は多くないけれども、そんな発表をしています。

かつてヘンリー・キッシンジャーは「日本は核武装するだろう」と言いました。だが、その予想は間違った。彼は、「北朝鮮は事実上、核兵器保有国と世界はみなしている。日本は核保有国に囲まれる中で、日本で核武装の議論が起きないのはおかしい」という主張でした。

島田　亡くなりましたが、ワシントン・ポストに長年印象的なコラムを書いていた保守論客のチャールズ・クラウトハマーも、「日本は独自核抑止力を持つべき」と繰り返し書いていましたね。

古森　彼は著名な論客でした。影響力も大きかった。さらに影響力の大きかった保守派の論客のジョージ・ウィルもそう。日本は核武装をしてもいい、と主張しています。

1970年代、「日本の核オプション」というタイトルの注目すべき論文が出ました。筆者は国防大学の副学長になったジョン・エンディコットという空軍大佐（当時）でした。在日勤務が長く、アジア安全保障に詳しい学究派の軍人でした。その内容は「東西冷戦で、日本はソ連に対しての核抑止力を持たねばならない。だが核の脅威への防御となると、日本は島国だから非常に脆弱《ぜいじゃく》で、1発か2発を撃たれたら終わりになる。それでもなおかつ、反撃する能力を持つべきで、具体的には潜水艦しかない。モスクワを直撃する最終的な力を持てばいい」と書いていました。

日本はそのための核兵器をどこに置くかというと、モスクワを直撃できる最も近い拠点はアラビア海だという。だから、日本は長距離核ミサイルを搭載した潜水艦をローテーションを組んで4隻くらいをアラビア海に置いておけば、最終的にはモスクワを確実に核攻撃できる。たとえ日本の本土がソ連の核攻撃で壊滅的な被害を受けてもソ連の首都も壊滅できる、というわけです。日本側のそんな核攻撃能力はソ連に対する強力な抑止となる。

実はイギリスやフランスの核戦力も長い東西冷戦中、そして現在もロシアに対しては、こうした抑止戦略なのです。核兵器の撃ち合いでは自国は滅びるだろうが、相手のソ連やロシアも首都などの要衝に壊滅的な反撃を受けることになる。だからそんな展望を直視すれば、こちらへの核攻撃はできないだろう。こんな抑止理論なのです。

フランスの核抑止だって、「もしフランスに核ミサイルを撃ち込んだら、必ずモスクワを核で直撃する」という宣言に等しい。そういう戦略で平和を保ってきた。だから、日本もそれができるという戦略論がエンディコット大佐の論文でした。

島田　これまで国会の場で、「独自の核抑止力を保有すべき」と主張する政党も議員もなかった。私は日本保守党の衆議院議員として、はっきり主張していきます。

古森　それは非常に大切なことです。憲法改正にしても最初は超少数派だったけれども、今は超多数派になった。かつての有力政治家の中川昭一氏も核武装論者でした。

島田　中川さんでも「核武装の議論が必要だ」とまでしか言えなかった。当時の環境では、かなり踏み込んだ発言でしたが。

古森　日本では「議論もするな」と言われてしまいますからね。実は「非核4原則」だった。議論もいけない、というのが日本の現状。しかし近年、日米間で微妙な形で論題になってきた核シェアリングという構想は、また別ですね。アメリカの核兵器を日本の領海、あるいは領土に配備して、日本自体の核抑止力にしようという日米合同構想です。日本独自の核武装論とは違います。

島田　安倍晋三さんも首相退任後、ニュークリア・シェアリング（核共有）に言及しましたが、核のボタンはあくまでアメリカ大統領が握って離さない。運搬手段に関してのみ、同盟国も一部責任を持つというシステムです。

古森　トランプ陣営は、日本との核シェアリングには賛成ですよ。アメリカの政策第一研究所（ＡＦＰＩ）の政策報告書で、日本に関するところにはっきり書いてあります。この研究所はトランプ自身が直接に関与しているシンクタンクです。そこの発表はトランプ次期政権の政策と見なしてもよい。もし核シェアリングが実現すれば、日本の防衛力を高めることになる。

島田　ミサイルや戦闘爆撃機といった運搬手段の面で、日本もアメリカの拡大抑止力の一翼を担うというのは、安全保障面における日米協力を一段と進めるでしょうね。ただし、核のスイッチはアメリカ大統領が握るので、核ミサイルを分けてくれるといった話ではない。日本独自の核抑止力保有とはまったく違います。

かつてはトランプもウクライナへの軍事支援をしていた

島田　ロシア・ウクライナ戦争の話に戻りますが、トランプの停戦仲介は素早く実を結ぶでしょうか。

古森　今のところ、どうなるかはわかりません。トランプが最近、「戦争によって死んでいく、人の死を止めることが第一だ」と言っている。これは、日本のトランプ観とはちょっと違うでしょう。人道主義的な角度からのアプローチです。「戦争そのものをとにかく止める」「交渉によって妥協策・打開策を探っていく」という基本があることは確かでしょう。

現にトランプは次期政権の対外政策の要衝にウクライナ・ロシア問題の特使というポジションを新設し、側近のキース・ケロッグ将軍の任命をすでに発表しました。ウクライナ戦争の解決を具体的な政策目標にするという基本姿勢の表れです。

島田　ケロッグには私も会ったことがありますが、ウクライナ停戦の戦略的波及効果を丹念に検討してきた人です。

古森　とにかく戦っている状態をやめて話し合おう、という姿勢です。しかしそうすると、話し合いが始まるまでに両方ができるだけ多くの領土を取ろうとして、また戦争が激しくなるという皮肉な展開もあり得る。一度、始まってしまった戦争を止めるという作業にはきわめて複雑な諸要因がからんできます。

島田　「戦場の現実」を反映した形で停戦ラインを決める、が基本になりますから、重要拠点をめぐってはかなり激しい攻防が続くかもしれません。

古森　トランプなりの力の行使で、力を見せることによる戦争終結を図ることも考えられます。その種のプレッシャーは、今までバイデン政権のときには出てこなかった。一つの例証はトランプがゼレンスキーと話したとき、「ウクライナの隣接の国には米軍がいる」と言っている。NATOの米軍がいる、という意味でしょう。米軍への言及は明らかに軍事要素をにじませた圧力です。

島田　ゼレンスキーはウクライナのNATO加盟を求めており、ウクライナの立場としては分かりますが、一方、プーチンは絶対阻止の構えです。トランプ陣営は、予見しうる将来、ウクライナのNATO加盟は考えないとしており、それを対ロ交渉の重要カードにする構えです。

ある国が共同防衛体制であるNATOに入るには、既存加盟国すべての賛成が必要ですが、実際問題として、現状で全加盟国がウクライナ加盟に賛成することはあり得ない。アメリカも逡巡《しゅんじゅん》するでしょう。どの国も、核保有軍事大国であるロシアと干戈《かんか》を交えたくないから、当たり前です。

それなら、「ウクライナ加盟の無期延期」を停戦実現のカードに使おうというのがトランプ陣営の基本的発想ですね。ただし、経済共同体であるEUへの加盟は促進し、ウクライナの人々に希望を与えようという案も同時に提示されています。EU域外のアメリカに決定権はなく、決めるのは欧州諸国ですが。

古森　NATOは完全にアメリカ側が一体になって、今や32カ国も加盟してスウェーデンやフィンランドも入っている。完全にロシアを脅威として見ていて、実際にロシアは現在進行形でウクライナを攻撃している。攻撃を受けた国がNATOに加盟したら、完全に米・露開戦になり得る。簡単にウクライナのNATO加盟は考えられない。

けれども、トランプは抑止という要素、力による平和という概念を使って、バイデン政権ではやらなかったようなアプローチをとるはずです。それは、かなりロシア側の譲歩を迫るところがあるのではないか。トランプのことを「歌を忘れたカナリア」とか言っているような人たちは、「トランプはプーチンのことを褒めている」「仲がいい」と言っている。だから、トランプはロシアの侵略をも受け入れてしまう傾向があると主張しているけれども、最後の部分が違う。

トランプとその陣営は、このロシアのウクライナ侵略に対しても根底から激しく反発しています。ただ、今のバイデン政権下の支援を続けても、その結果どうなるという見通しがまったくない、展望がないと主張しているわけです。

島田　停戦で、ロシアによるウクライナ領の一部占領を既成事実化すると、中国の台湾侵攻を心理的に後押ししかねないという議論があります。しかし、ロシア軍もこの戦争で軍艦、軍用車両、兵員などを相当失い、「侵略は割に合わない」という一定の教訓は与えられた。

これ以上、軍事資源をウクライナに傾斜投入すると、台湾の防備が薄くなり、かえって習近平に侵略の誘因を与えかねない。その辺りのバランスに照らしても、この辺りで停戦という考えには合理性があります。

古森　アメリカ議会で最も声高くバイデン政権のウクライナ支援策に反対してきたのは、共和党のジョシュ・ホーリー上院議員です。若手だけれど、声が物凄く大きい。この人物が「対外戦略はバイデンではダメだ」と大キャンペーンを展開し、「もう、ウクライナ支援をやめろ」と主張しています。その最大の理由は最大の敵である中国を抑止するための国防予算が減りすぎることだ、と説明しています。

トランプは考え方の基本傾向としては、そちらに傾いている感じはある。しかしロシアのウクライナ侵略を許すという思考は、今のアメリカの世論、それからトランプ支持者たちにもありません。

島田　そもそもウクライナに対する軍事支援を開始したのは第一次トランプ政権です。ロシアの侵略を抑止する狙いでした。

その前のオバマ政権は、バイデンが副大統領でウクライナ支援問題に関与していましたが、ウクライナ検察当局による、息子ハンター絡みの汚職疑惑の追及を止めさせようと圧力を掛けるなど、本筋を忘れた対応が目立ちました。

ウクライナ戦争はバイデンの弱さ、いい加減さによって誘発された面が強く、トランプの停戦努力は「バイデンの失敗」の尻拭いです。トランプ政権が続いて順調に抑止力を強化していたなら、そもそもプーチンの侵略はなかったでしょう。

ロシアを自由主義陣営に引き入れて中国と引き離す

島田　アメリカから台湾に供給予定だった移動式の地対空ミサイルシステム「ハイマース」がウクライナに回されるなど、台湾方面に現実の懸念が出て来ています。「ロシアとウクライナの人口比は4対1。当然、兵役年齢の男性の数もロシアのほうが圧倒的に多い。このまま延々と戦争を続けると、ウクライナの若い男性が死に絶えてしまいかねない」とトランプ陣営は人道上の危機を口にします。塹壕《ざんごう》戦が4年も続いた第一次大戦は、欧州でまさにそうした事態を生みました。

第2期トランプ政権発足直後に、ロシア・ウクライナ戦争は丸3年を迎えます。かつて1950年代の朝鮮戦争も3年少しで停戦協定締結となりました。人道面だけを考えても、停戦の潮時でしょう。

古森　もっと大きな戦略もあります。ウクライナ戦争が続く限り、ロシア・中国・イラン・北朝鮮の「新・悪の枢軸」がどんどん連携を強めてファシズム陣営が強くなることを阻止せねばならない、という基本思考です。実際、北朝鮮とロシアはすごく接近しているし、北朝鮮は戦場に兵士を送っている。その見返りに、石油、天然ガス、食料などをもらったりしている。

島田　解決を急がねばならない拉致問題を抱える日本にとっても、停戦は重要です。ロシアから物資が来る限り、北朝鮮としてはその分、食糧支援をカードにした日本との交渉に臨む動機が薄れる。

ロシアは占領したウクライナ領の割譲を要求していますが、それは原則として受け入れられない。戦線が膠着した線で停戦というだけで、領有権問題は平和的に解決していく建前になるでしょう。日本の北方領土問題同様、ロシアが返還、撤退に簡単に応じるはずもありませんが。

先にも述べましたが、ウクライナのNATO加盟については無期延期する。そもそも既存加盟32カ国全ての賛成を要する規定がある以上、現実性がない。

古森　すべての国が賛成することはあり得ない。

島田　あり得ない以上、そこにこだわって停戦交渉を停滞させるのは賢明ではないでしょう。ともかく停戦に持ち込めば、ロシアとしては北朝鮮に物資を供給する理由はなくなる。イランから攻撃型ドローンを大量に買う必要もなくなり、その分イランは財政的余裕を失う。「新・悪の枢軸」にくさびを打ち込めます。

ロシアは曲がりなりにも、選挙を実施しており、中朝イラン3国に比べれば言論の自由もある。できるだけ「悪友」三者と引き離す形で、自由主義陣営に引き寄せたほうがよい。安倍さんが展開した対ロ外交は、まさにその発想に基づくものでした。トランプ陣営にも同様の考えがあると思います。

実際、オバマ時代にクリミア併合の挙に出て放逐《ほうちく》されるまで、ロシアは、先進自由主義G8サミットに組み入れられていました。中露離間構想の一環です。プーチンは冷酷な帝国主義者ですが、潔癖症に囚われて彼との距離の取り方を間違うと、国益を損ないます。

古森　トランプも、したたかな男です。トランプが安倍を本当に信頼したのは、朝鮮半島危機が政権発足直後に起こって、そのときに安倍は具体的に米軍を支援するための措置をとりました。その前年に例の安保法制が発効していた。だから日本海で活動するアメリカの補給艦を、海上自衛隊の護衛艦が防護を実際にできるようにしていたのです。

島田　トランプ政権発足以前に、安倍さんが新安保法制を苦労して通したのは、実に大きな布石でした。

イスラエルの存在を認める方向に世界が動く

古森　本章の最後に中東情勢に関して付言すると、トランプ政権のイスラエル支援は揺るぎない。「それだと孤立主義になるのでは」という批判は的外れです。中東でトランプ政権が第1期に実行したことは外交面でも大きかったのです。まず、アブラハム合意という外交協定を成立させ、イスラエルとアラブ側の数カ国の国交を樹立させた。

それから、もう一つ、トランプ政権はイスラエルの首都はエルサレムだということを認めて、アメリカ大使館をテルアビブからエルサレムに移した。この措置はイスラエル支持の動きですが、外交面での積極性を示しました。

さらに外交手段ではないですが、トランプ政権はＩＳ（「イスラム国」）というイスラム原理主義の過激なテロ集団を壊滅させました。トランプ自身の２０１６年の選挙公約の実行だったわけです。このテロ組織を、本当に壊滅させた。米軍がＩＳの本拠地に進撃して全部やっつけてしまった。この措置はイスラエル支援というよりも中東全体を安定化させる効果がありました。なにしろＩＳというのは残虐きわまるテロ集団だったからです。

島田　在イスラエル米大使館の移転に当たり、「エルサレムの地理的範囲や将来の帰属については特定の立場を取らない。イスラエル・パレスチナ間で２国家共存が合意された場合、支持する」など戦略的に配慮した発表を行っています。大使館の設置場所も西エルサレムで、パレスチナ側が将来の首都と主張する東エルサレムではありません。

トランプ政権は、この大使館移転に加え、戦略的要衝のゴラン高原をイスラエル領と認める決定も行いました。いずれも「中東専門家」らが、「とんでもない暴挙で、アラブ各地で暴動が発生する」と非難しましたが、そんな事態は全く起こらなかった。

古森　何も起こらなかった。むしろ、トランプも中東全域を対象に外交面でも積極的に打って出ることもやったのです。ただし、イスラエル支援をバイデン政権以上に強くする可能性も高いです。その結果、反イスラエルのハマス、そしてその背後にいるイランの反発が高まることも当然、考えられます。その結果、中東で緊張が高まるという局面も考えられます。

島田　楽観はできませんが、イラン領内へのミサイル攻撃も含むイスラエルのテロリスト除去作戦に対し、イランは本格的な反撃を控えています。配下のハマスやヒズボラもイスラエル軍の直接作戦やポケベルを一斉に爆発させる秘密作戦などでかなり弱体化しました。トランプ政権が第1期同様制裁を強めれば、財政的にも苦しくなり、イランの体制崩壊もあり得ると思います。弟分のシリア・アサド政権も潰れましたし。

古森　イランも合理的な判断をするはずです。なので、短期的には緊張が高まるかもしれないけれど、中長期的には安定していく。イランはイスラエルを壊滅させるという公約を掲げていて、ハマスやヒズボラも、それに同調している。

昔は、エジプトだ、サウジだと、みんなイスラエル壊滅を宣言していたのが、どんどん流れが変わりました。戦争を4回もやって、すべてイスラエルが勝った。戦争に勝つとは、そういう意味があるわけです。だから、イスラエルの存在を認める方向に、中東情勢がますます動いてきた。

島田　トランプはバイデンのように石油産業を「悪魔の申し子」扱いしないので、地域大国でかつ大産油国サウジアラビアとの関係も大きく改善するでしょう。

古森　トランプによってアメリカが強くなるので、世界はいい方向へ変わっていくはずです。

島田　イスラエルとアラブ諸国の関係改善も進むと思います。すでにアブラハム合意の名で、イスラエルとバーレーン、モロッコ、スーダンなどとの国交正常化が実現しています。トランプには、こうした実績がある。

古森　アラブ首長国連邦も入った。

島田　ちなみにこの合意の名称は、ユダヤ、キリスト、イスラム三宗教で始祖と位置付けられる聖書の預言者アブラハムから取ったものです。イスラエル・湾岸アラブ諸国間を飛ぶ航空機の領空通過をサウジは認めていますから、いずれサウジとイスラエルの国交正常化もあるでしょう。

トランプ政権は、脱炭素原理主義のバイデン政権のように、石油掘削事業に新規投資をさせないといった規制は掛けません。怒ったサウジを中国やロシアに接近させたのは、数あるバイデンの戦略的誤りの中でも大きなものの一つです。
中東の安定を考えれば、実績に照らしても、トランプ路線のほうが望ましいのは明らかです。

古森　しかし日本の識者とか専門家なる人たちの多くは、その事実を認めない。トランプは「在日米軍駐留経費の負担を増やせ」などと日本側に公式に要求などしていません。陰で言ったという情報はあるけれど、公の場ではまったく言っていない。日本側には「第2期トランプ政権は日米同盟を破棄あるいは縮小する」なんて流言飛語を広めていた人たちもいました。しかし現実には、次期トランプ政権は日米同盟の最重視、堅持、増強という政策です。

同じような人たちが「次期トランプ政権はNATOから脱退する」なんて主張していました。これも事実と反します。NATOのヨーロッパ加盟国にGDPの2パーセント分の防衛費を使わせるということは、オバマ政権のときにヨーロッパ諸国が表明した公約です。だが、その後にドイツのメルケル首相などがそれを実行しなかった。

オバマ政権の後に登場したトランプ政権は多様な手法でヨーロッパ諸国にその公約の実行を迫ったわけです。同じボールを投げるのでも、カーブを投げたり、シュートを投げたり、相手を揺さぶり、ときには脅す。しかし目的はあくまでNATOの堅持と増強、その手段として加盟国間の公正な経費分担を求める、ということなのです。この種のトランプの対外折衝は、よく「ディール Deal」とも呼ばれます。つまり取引という意味の外交手法です。

島田　バイデン一家は、国際取引に息子のハンターを絡めて利権を得る振る舞いが問題になりましたが、トランプはその点クリーンです。常にメディアがスキャンダルのネタをあさっていますが、国際汚職のようなものは出てきません。

古森　最初から大統領の給料も、もらっていないんですから。彼は明らかにアメリカの国益、あるいは世界の在り方を考えていると言えます。トランプ陣営はディール外交について、「トランザクション Transaction」という言葉を使う。

同じ取引という意味でも、もう少し洗練された言葉です。とにかくトランプはアメリカ大統領として自国の国益上の目的を目指すために、取引と見えるような言動をも取るわけです。その目的が、自分自身にとってのカネ儲けだとするような議論があることには驚きを禁じ得ません。トランプほど私財を肥《こ》やす必要がない人間は、いまの世界でまずいないでしょう。

第5章
「対中包囲網」「台湾有事」「拉致問題」にトランプは、どう対処する？

バイデン政権とトランプ政権の対中政策の違い

島田　日本にも大きく影響しますが、「中国問題」「台湾問題」にトランプ政権がどう向き合い、どう動くか。古森さんは長年のワシントン取材に加え、北京にも駐在経験がありますが、どう見ておられますか。やや詳しく問題提起頂ければと思います。

古森　まずアメリカの中国に対する政策から話を始めましょう。第1期トランプ政権のときに、アメリカの歴代政権が保ってきた政策が根本から変わりました。

それまでの政策は、一言でいえば関与政策、エンゲージメントです。中国は弱くて貧しいから、それをより強くして、より豊かにすることにアメリカは協力する。そのことが、中国を民主化の方向に後押しすることになる。それから、国際社会、アメリカがつくった国際秩序に中国が一員として入ってくる可能性が高まる。さらに、国内の弾圧も減るだろうという期待があったわけです。

その背景には、もう一つ大きな要因がありました。東西冷戦で対決している相手のソ連を牽制する。当時、中国はすでにソ連と激しく対決していました。その中国を強くすれば、ソ連に対する抑止策として役立つだろうという大きな理由があったわけです。

けれども、アメリカの歴代政権はその関与政策に、完全に失敗した。本来の目的を、何にも達せなかった。むしろ逆になって、モンスターを育ててしまった。アメリカに対して立ち向かってくる相手の、強力な武器や強力な体力を、より強くすることになってしまった。これがトランプ宣言の新たな判断でした。

第1期トランプ政権はその失敗を認め、歴代政権の対中政策を逆転したのです。副大統領のペンスが2回にわたって演説をし、「中国と対決していく」と言ったわけです。この基本は、第2期トランプ政権でも変わらないし、その対中姿勢はもっと強固になると思います。

バイデン政権が2021年に登場してきて、それこそ、ちゃぶ台返しで、トランプがやっていたことを全部ひっくり返したんだけれども、ほぼ唯一、ひっくり返していなかったのが、対中政策でした。かなり厳しい方針をとったのです。しかしトランプ政権と比べたら、いろいろなところに「まだら」がありました。強いところと弱いところが、ごっちゃになっているのです。

例えば、バイデン政権は「中国は競争相手である」と言明しました。トランプ政権のように脅威とか敵だとは、言わない。そして競合相手だと同時に、「協力相手だ」とも呼ぶ。競争、つまりコンペティションですよね。と同時に、協力、コーポレーションだという、二つの柱が混在しているのです。でも第2期トランプ政権は、協力なんかしません。

バイデン政権は中国と何を協力するのかといえば、気候変動の防止について協力する。それから、大量破壊兵器の拡散防止について協力する。新型コロナウイルスのような国際的な疫病の防止について協力する。

また前にも述べたけれど、トランプ政権はディカップリング。中国との関係は、もう基本的に、全部断《た》ってもいい、断つほうがいいという姿勢です。その根幹にあるのは、アメリカの拠《よ》って立つ国家の基盤。その国家の基盤を成り立たせているイデオロギー、思想。アメリカの強さ、存在、思想によってつくられた戦後の国際秩序。これら全てに対して中国は挑戦し、否定してきている。しかも中国はアメリカという国の基盤を崩し、さらにアメリカ主導の国際秩序をも破壊するだけの潜在的な力を実際に持っている。だから、正面から中国に対して抑止、つまり「強さによる平和」で対峙する。その「強さ」の中身は、ほとんどが軍事力です。これがトランプ陣営の中国観です。だから、トランプ陣営の主張だと、ここでウクライナに無制限に支援を続けると、肝心の対中抑止リソースが足りなくなる懸念がある。

一方、バイデン政権はディカップリングには反対でした。代わりに、対中政策目標として「ディリスキング」という言葉を使いました。リスキングというのは、これはトランプ政権でもバイデン政権でも考え方は同じでしょうが、とくにバイデン政権は、中国との対処におけるリスクとは特定の分野、例えば、高度技術はもちろんのこと、医療品、医薬品、レアメタルなどでの中国依存によるリスク、つまり危険を警戒すると宣言したわけです。

アメリカが特定部品について中国に依存していたことは多々あるし、今もまだある。でも有事になって、中国依存で、中国から物が来なくなったら、アメリカが困る。だから、このリスクをなくすという姿勢です。

でもディカップリングというのは切り離しですから、その切り離しにバイデンは反対を表明していました。そういうところがトランプ政権とバイデン政権の、対中政策の決定的な違いの一つです。

トランプ陣営にとって中国は「メイン・エネミー（主敵）」

古森　トランプ陣営はこれからは、中国に対しては一段と厳しく、全面的な切り離しになってもやむを得ないということで、立ち向かっていく。対中関税を強化するともトランプは明言していますよね。これはもう基本的に、中国の今のままの活動を許さないということです。

トランプ政権と二人三脚になっているような議会の共和党は下院では２０２２年の中間選挙で逆転して、多数派となりました。民主党を少数派にしたわけです。議席数の差はわずかですけれど。でも前に申し上げたように、アメリカ議会の特徴は、１議席でも多いほうの党が、全権を握れる。その結果、新下院では共和党の発意で、中国問題を専門に審議する中国特別委員会という組織ができました。正式名称は「中国共産党とアメリカとの戦略的競合に関する特別委員会」でした。この新設の委員会ではマイク・ギャラガーという、非常に能力の高い、共和党保守系の中堅議員が委員長になって活発きわまる活動を始めました。この特別委員会は、いまでも連邦議会上下両院の多数の委員会のなかでも最も精力的に動いています。毎週のように公聴会を開き、調査報告書を公表し、という活動です。

対象はすべて中国の危険な動きです。アメリカにとっての好ましくない中国の動向をすべて、摘発し、是正するという姿勢です。このギャラガー委員長は途中で個人的な事情で議員を辞職しましたが、残りの30人近くの共和、民主両党の議員たちが同様に頑張っています。その在り方は、トランプ陣営と一体だとも言えるのです。

この中国特別委員会の実績の一例をあげましょう。

中国の天津大学とアメリカのジョージア工科大学――マサチューセッツ工科大学の次に有名な工科大学ですが――との間で、ここ十数年、高度技術の研究や研修の交流計画を実施してきました。その計画では学生や研究員の米中交流もあった。この計画に中国特別委員会が介入して、中止させてしまったのです。２０２４年秋の話です。

同委員会が動いた理由は、天津大学が人民解放軍と密接な関係にあるから、ということでした。この交流計画でアメリカのジョージア工科大学に来ていた中国の博士課程ぐらいの学生や研究者は軍民汎用の高度技術にも関わっていた。その技術も人材も中国の軍部と密接な絆がある。だから、高度技術の交換計画はやめなければならないという話になった。その結果、ジョージア工科大学は中国特別委員会の強い勧告を受けて、本当にこの計画を止めてしまったのです。これが、トランプ陣営の考え方の象徴的な例です。

バイデン政権もその前の段階で、アメリカの一部の大学内にあった孔子学院を閉鎖へと追い込みました。日本では、この孔子学院は立命館大学とか早稲田大学にあるそうですね。この組織は周知のように中国政府が資金と要員を出して、外国の大学に中国語の教授を公式な理由で開設してきた公的機関です。ただし、アメリカではＦＢＩなどの捜査機関がこの孔子学院は中国政府の政治宣伝や対米世論工作、さらにはスパイ活動の拠点になっているとして、取り締まりを進めました。その結果、もうほとんどが閉鎖となりました。

バイデン政権はまたトランプ陣営の影響を受けた形で、アメリカに駐在している中国人の外交官に対して、行動を規制しました。首都ワシントンなど公式の駐在地から何十マイル以上、離れた地域に行くとき、事前にアメリカ政府に通告し、国務省の許可を得なければならないことになった。それまでは、そんな規制はなかったのです。当時のアメリカ政府の説明では、中国政府は中国駐在のアメリカ外交官にそのような規制を長年、課してきたから、この措置は一種の相互主義だとのことでした。しかし、その実態は中国に対する態度の硬化です。

それから、もう一つは中国のマスコミに対する規制でした。ワシントンにはＣＣＴＶ、新華社通信、人民日報など中国のマスコミが駐在特派員として多数の要員をおいています。その活動のための支局というオフィスも、きわめて多数です。ニューヨークなどの他の大都市も同様です。

これらの中国メディアに対してトランプ前政権は、「あなたがたはメディアではなく、政府機関だ。だから中国政府の要員としてアメリカ司法省にその行動を定期的に報告しなければならない」という新たな勧告を出しました。義務ですから、命令です。その結果、中国のアメリカ駐在「記者」たちは中国政府の要員としてアメリカの法律では「外国代理人」と見なされ、その活動は厳しい監視の対象となりました。

この点、同じアメリカ駐在でも日本など他の諸国のメディアの特派員たちには、そんな義務は課されません。中国のメディアはみな官営、国営であり、その記者たちも実際には共産党政権の一員だから、という理由からのトランプ政権の措置でした。もっとも、その背景には中国政府が中国駐在の外国メディア要員に対して厳しい規制を実施しているという実態があります。トランプ政権としては「中国政府と同じ措置をとった」という言い分なのでしょう。とにかく中国に対するこの種の規制はどんどん強化され、第2期トランプ政権ではその傾向がさらに強くなるということです。

しかし日本の主要メディアでは次期トランプ政権が中国に対してどんなことをするかというと、「関税の強化」「対中強硬」というところで終わり、という感じです。しかしアメリカ第一政策研究所が、次期トランプ政権の対中政策を発表しているのです。対中政策に関しては、そこを見ると大体わかる。関税は、60パーセントと言っているけれど、これは最初にドーンと打ち出して、相手の譲歩を引き出すという手法です。全てが全て、トランプが言っている通りになるとは限らない。ただ少なくとも、ディカップリングを覚悟でやっているんだとは言える。

島田　バイデン時代も、古森さんが言われたように、トランプが課した対中関税を撤廃しなかった。議会が超党派で、中国に対して非常に厳しいため、政権の一存で緩和できなかった面もあります。中国製太陽光パネルの輸入全面禁止も議会主導です。ウイグル人の強制労働を使っているとの理由でした。

バイデン政権自体は、「気候変動こそ最大の安全保障上の脅威」で、この方面では中国もパートナーという間違った発想が基本にあるから、中国に「脱炭素で協力しない」と揺さぶられると、ふらつきがちでしたが。

ふらつきの典型例が、中国の最大手通信機器メーカー、ファーウェイへの対応です。ここの最高財務責任者で創業者の娘でもある孟晩舟という女性を第１期トランプ政権は、カナダ政府に頼んで逮捕させました。容疑はイラン制裁法違反。アメリカでは、反米ファシズム国家イランと取引している企業は、アメリカで取引を認めないという制裁法がある。

ところがファーウェイは、香港の子会社を使ってイランと取引しつつ、アメリカ市場でも自社製品を売っていた。しかも、アメリカの金融機関から融資まで受けていた。アメリカの覇権を維持する二大柱は、軍事力と金融力ですから、米金融機関を騙したとなると、大変重い罰が課せられる。

トランプ司法省のプランは次のようなものだったといいます。孟晩舟をカナダからアメリカに移送して取り調べる。その際、次のような司法取引を持ちかける。

「お前の罪を全部合わせると懲役60年は固い。一生、刑務所暮らしになる。ただし、中国政府からどんな指示を受け、何をしたかを全部しゃべるなら話は違う。お前の息子がボストンの大学に留学しているだろう。お前が望むなら、整形手術の金も出し、息子と平穏に暮らせるようにしてやる」

アメリカ政府の認識では、ファーウェイは中国の情報機関の一部です。顧客情報の流用に加え、ファーウェイ製品には、中国政府が情報を抜き取れる仕掛けが施されているという疑惑がある。

ところがバイデン政権になって結局、孟晩舟はアメリカに移送されることなく釈放され、英雄扱いで中国に凱旋帰国しました。在中カナダ人2名を逮捕して人質交換を迫る、気候変動問題での協力を棚上げする、といった北京の揺さぶりに屈したと言わざるを得ません。

トランプが大統領に復帰したことで、2025年からまた状況は変わるでしょう。トランプ陣営の人々は、中国を遠慮なく「メイン・エネミー（主敵）」と呼びます。議会はおしなべて中国に厳しく、しかも上下両院で与党共和党が多数ですから、トランプ政権は対中ディカップリングを相当踏み込んで実行していくと思います。

特に、最先端の半導体や半導体製造装置などが焦点で、そのあたりは決して攻め手を緩めず、中国を供給網（サプライチェーン）から外していくはずです。

米中の貿易交渉を担うのは主としてＵＳＴＲ（アメリカ通商代表部）ですが、輸出入管理の権限を持つ商務省と連携して中国を締め上げていくでしょう。

一方、軍事面では、「アメリカから先に挑発的な行動はとらない」としています。例えば、台湾海峡で米台合同軍事演習を行えば、中国も強く反発せざるを得ない。するとアメリカ側も空母機動部隊を増強するするなど、カネが掛かる。それは賢明ではない。

ここで日本が心すべきは、アメリカが中国を経済面で締め上げていくときに、日本が最先端半導体に関わるテクノロジーや部材を中国に輸出しているとなれば、利敵行為ないし抜け駆けと見なされ、日本も制裁対象になります。日本の企業が中国でつくった商品も当然中国製と見なされ、アメリカに輸出する際、懲罰関税を掛けられる。そのときに慌てないよう、早めに対処する必要があります。

要するに、中国に工場進出している日本企業は脱出を急がねばならない。最先端分野のテクノロジーを中国に渡すような契約をしてはならない。

しかし個々の企業はやはり弱いですから、日本政府が前面に出て、企業側が、「自分たちは従来通り中国で活動したいのだが、日本政府が許さないので仕方がない」と言える状況をつくらないといけませんね。

対中抑止のためにアメリカは軍備を増強する

古森　トランプ政権の対中政策について、もう少し話すと、軍事面で、バイデン政権とはまったく異なる政策をとるでしょう。

バイデン政権時代は、国防費を抑えに抑えてきた。予算というのは、どんな政府でも前の年よりはいくらか増える。だから「史上最大」とは、いつも言えるわけです。国防費も、前年比では多少プラスなんだけれど、前にも申し上げたように、1パーセントの増加。でもインフレ率が2～3パーセントあるから、実質的には削減なんです。これがバイデンのやり方です。そのやり方を後押ししているのは、民主党の中にいる、左派のバーニー・サンダースのような軍事反対派です。軍事、防衛というのはできるだけ少なくていいと考える人たちです。

これに対してトランプ政権は、とにかく中国との戦争は防がなければいけないと考える。中国は軍事力を重視する国だから、戦争を抑えるためには、最善の方法は明確である。その方法とは、中国と戦争をしても勝てる能力を持っておくことだと。その戦争は、いざというときにはこちらも応じる。それが抑止となる。軍備を増強するのは、当然の帰結になるわけです。

その一番象徴的な実例が、トランプ政権が決めた、潜水艦発射の中距離核巡航ミサイルです。ペンタゴンの略称ではSLCM-Nと呼ばれます。中距離核ミサイルというのは、核も通常も含めて、いまのアメリカにとって、とくにアジアでは超重要です。なぜならアメリカは東西冷戦中に、ソ連との中距離核戦力全廃条約により地上配備の中距離核ミサイルを全廃してしまったからです。ソ連側のSS20の全廃と見返りの、米軍中距離ミサイルの全廃でした。アメリカはその状態から復活しておらず、東アジアではその種のミサイルをほとんど持っていないのです。

その不均衡をいくらかでも減らすためにトランプ政権がとったのが、この潜水艦発射の中距離核巡航ミサイルの開発でした。

この潜水艦発射核ミサイルは、その潜水艦が上海沖にいれば北京や上海を核で直撃できるわけです。たとえ実際に使わなくても、そうした威力を持つ潜水艦が中国大陸のすぐ近くに常時、配備されていることが、中国側の冒険的な行動を抑止することになります。この兵器の開発には、アメリカの軍部は大歓迎、大喜びしていたんだけれど、バイデン政権になってから開発は中止となりました。

そうしたら、前にも言いましたが、マーク・ミリー統合参謀本部議長が、議会の公聴会に出てきて、「私はバイデン政権下で働いていて、最高司令官の下で何でも命令を聞く立場にあるのですが、軍部としては、この兵器の廃止には反対です」と、はっきりと反対の意見を述べました。

この核巡航ミサイルの開発一つに象徴されるように、トランプとバイデンでは、軍事面での対中姿勢はまったく異なるのです。トランプ側はやっぱり軍事重視なのです。

この差異は日本にとっても大きい。例えば尖閣に、もし中国軍が攻めてきたらどうするのか。当然ながら、軍事を重視してくれるアメリカの政権のほうが日本にとっては好ましいわけです。この点で伝統的に、共和党と民主党とでは差異があります。民主党のクリントン政権時代の日本駐在のアメリカ大使、ウォルター・モンデールは「尖閣諸島は日米安保の対象になっていない」と言明しました。

日本にとっては重大事です。私もワシントン駐在の日本の新聞記者として、その点をホワイトハウスや国務省の当局者に何度も質問しました。しかし、答えは一貫して「コメントできない」というものでした。

その後、共和党の二代目ブッシュ政権になってすぐ、同政権の高官となったリチャード・アーミテージが出てきて、「そんなことはない」と打ち消した。「尖閣は立派に、安保の適用の範囲だ」と言明したわけです。日本側はもちろん、ほっとしました。このあたり対中政策でも、バイデンとトランプでは違いますね。

「台湾支援」はトランプ政権の基本部分

島田　トランプが第1期のときは、国防費を結局2倍まで増やした。これは景気が良かった、すなわち経済成長が続いたことも背景にあります。経済が活性化すれば税収も増えます。バイデン時代は経済が低迷したので、国防費も実質減となった。

しかも、国防費の使い方も問題で、軍の施設の脱炭素化などにかなりを回していま
す。これらは軍事費に計上されていても、戦闘力の強化にはまったくつながっていな
い。民主党左派の政治家などは、「戦闘機の離発着訓練を行うとその分ガソリンを消
費して地球温暖化につながる。だから最小限に抑えろ」といった主張をする。

本末転倒で、言うなら中国で言ってもらいたい。軍は気候変動対策のためではなく、
抑止力を高め、いざ有事の際には戦争に勝つためにある、という基本にトランプ政権
は立ち返るでしょう。

これは日本も心すべき点です。トランプの場合、「各地域における抑止力強化には、
各地域の同盟国がまず責任を持て」という感覚が強い。したがって、アメリカ側が自
制しているのに、中国側が、台湾を取り囲んで挑発的な軍事演習を繰り返した場合な
ど、日米台合同軍事司令部をつくって3カ国による軍事演習で対抗するといった案が、
トランプ周辺から出ています。

ところが日本側には、まったく準備ができていない。平和憲法を言い訳に参加を拒
んだりすると、トランプが日米安保破棄カードを使う可能性もある。「日米台合同」
と公に言わなくても、実質的に連携して行うような軍事演習は考えていかねばならな

いと思います。

なお、この点で自衛隊のある有力ＯＢから興味深い意見を聞きました。

「アメリカ主導の日米台合同軍事司令部というと、間違いなくアメリカが司令官の位置を占め、自衛隊や台湾軍は部下として使われることになる。日本も対等の立場で参加する形でなければならない。もっとも、日米台同軍事演習には踏み込むべきだ」

正しい意見です。部下として使われる形にならないためにも、日本は合同軍事演習に向け、今から主体的に動くべきでしょう。

日本外交は、言われるままに世界のあらゆる所に、若干値切りつつカネを出すという受け身の姿勢が顕著だった。ウクライナに追加支援してくれと言われれば出す。パレスチナ暫定統治機構に支援金をと言われれば出す。戦略的プライオリティー（優先順位）の感覚がない。

「ウクライナは欧州ＮＡＴＯ諸国の責任範囲だから、基本的にそちらで対応してくれ。中東は、サウジアラビアやエジプトのような地域大国が中心になって必要資金を手当てしてくれ。一方、台湾の抑止力強化には、地理的に近接した日本が、アジアの大国として応分の責任を持つ」と言うべきでしょう。

そうした優先順位を明確にしたうえで、言葉通り台湾周辺の抑止力強化に日本が努めれば、どこからも文句を言われる筋合いはない。台湾防衛に及び腰でありながら、他の地域のことはそれぞれの関係国が責任を持て、などと言えば、「お前は何にも責任を持っていない」と馬鹿にされるでしょうが。

古森　トランプ次期政権の台湾政策に関して、最近の日本側には誤解があります。「トランプは中国が台湾を攻撃しても、もう台湾を守らない」という推測です。この推測の根拠はトランプが選挙キャンペーン中に言った、ほとんど二つぐらいのセリフのようです。一つは、「台湾がもっと防衛費を増やさなきゃいけない」と言った。もう一つは、「半導体の工場に台湾企業が力を入れ過ぎている」という趣旨でした。

そうすると、そこからトランプは、「台湾のことを見捨てて、いざというときに守らない」という結論に至ってしまう。これは、まったくの誤解です。それは、トランプ政権の流れ、トランプ陣営、それからトランプ自身にも確実に台湾有事支援という基本政策を揺るがせにはしていない根拠が多々あるからです。台湾支援はトランプ陣営の対外政策の基本部分だと言えます。

まず、自由民主主義の台湾を守ることは中国の共産党政権に対する警戒心、対抗ということと一体になっていて、これはもう、アメリカの保守陣営の基本部分です。一つの例証は、トランプが第1期の大統領になったときに、台湾の蔡英文総統に直接、電話した。「一つの中国」という基準からすると、中国にとっては、とんでもないことです。それを敢えてトランプは平然と、歴代大統領がやらなかった、台湾の総統との直接の対話をした。台湾重視の例証です。

それから2番目のトランプ陣営の台湾防衛方針の根拠は、アメリカ第一政策研究所が公表した政策です。この一連の政策文書では台湾が中国の武力侵攻を受けて、危機に面した際にはアメリカは軍事介入して台湾を救うという基本方針を明記しています。

アメリカ第一政策研究所は、すでに述べたように、トランプ自身の意向を反映しています。つまり、トランプに直結した研究機関なのです。現にトランプは、アメリカ第一政策研究所の人材を次期政権に大量に登用することを発表しました。理事長のマクマホンを教育長官に、所長のロリンズを農務長官に任命すると言明しました。ちなみに、この2人は女性です。さらに、この研究所で安全保障政策を担当しきたケロッグという将軍がウクライナ問題担当特使に任命されることになりました。要するに、この研究所はトランプ直属の機関であり、その機関が公式に発表することはトランプ自身の思考だということです。

そもそもアメリカの台湾政策の基本については、台湾関係法というアメリカの国内法を見ることが欠かせません。1979年の米中国交樹立、台湾との政府関係の断絶を実行したアメリカが議会、政府というレベルで成立させたのが台湾関係法で、以後のアメリカの台湾への姿勢の基本を決めていました。

その台湾関係法の基本はアメリカの歴代政権が台湾の必要とする防衛用の兵器を無期限に供与する、といっても売却するわけですが。さらに台湾海峡の平和と安定はアメリカの国益にも重大関心事だ、深刻な懸念の対象になる、と明記しています。では中国が台湾を実際に軍事攻撃した場合、アメリカはどうするのか。台湾関係法は米軍が介入するとも、しないとも言わない。つまり曖昧なままです。これを戦略的曖昧性と呼びます。この曖昧性が抑止となって、中国の冒険主義的な行動を抑えるという方針なのです。このように台湾関係法が、台湾に対するアメリカ合衆国の姿勢を規定してきたわけです。ブッシュ政権も、オバマ政権も、トランプ政権も、そしてバイデン政権も公式、非公式にこの戦略的曖昧性を保ってきたのです。

ところがバイデン大統領が、その超党派の合意をごく安直な形で破りました。「中国が台湾を攻撃すれば、米軍が介入して台湾を守る」という趣旨を合計3回も述べたのです。ただし、その発言は記者の質問に答えてのごく簡潔で短絡な形でした。しかし、この発言はバイデン政権自体の政策に反しているのです。規範を破っているのです。

だからこの発言のたびに、まずバイデン政権の当局者が公式の発表で、「アメリカ政府の政策は米軍が介入するとも、しないとも明言しない曖昧なままです」と大統領の言葉を否定しています。バイデン大統領自身も「バイデン政権のこれまでの政策には変更はない」と述べる。大統領が自分自身の発言を否定したわけです。もう、矛盾の極みですよ。

このあたりも、バイデンという人が認知症っぽくなってきたということの証明でした。このことに対して、トランプ自身が、物凄く批判的でした。「そんなことを軽々しく言うべきではない。台湾に関して、私はバイデンのような軽率なことは発言しない」と述べた。このトランプの怒りを、私は直接その発言を聞いたトランプ側近から聞きました。台湾防衛は敢えて言わないだけで、現実には台湾を切り捨てるようなことはしないというのがトランプ陣営、トランプ次期大統領の本音だと思います。

もう一つ、アメリカの中の中国研究家たちの役割です。中国の問題を専門に研究している人たち、この人たちの間では台湾防衛という意見が圧倒的に強いのです。これら中国研究者たちの意見は時の政権にもきわめて重要です。とくに中国の軍事を研究している人たち。これは、日本とはまったくコントラストを描いて、ものすごく優秀な若い男女が集まっています。まさにベスト・アンド・ブライテストという最高の知能と才能を持つ人材がいま集まっています。その理由は現在のアメリカにとって中国の軍事の実態は超重要だから、ということです。これは、東西冷戦中にソ連の軍事研究にアメリカ側の最も優秀な人材が集まっていたという状況と似ています。

これらの中国軍事の研究者たちには、日米同盟を重視する人が多い。これは中国の軍事を知れば知るほど、在日米軍は大事なんだと、さらにはアメリカの対外戦略でも日米同盟は不可欠なのだ、という認識からでしょう。ここにも、「中国、許すまじ」という空気が明確なのです。

こうした広範な政治的基盤の上に、トランプ政権は立脚している。だから台湾を切り捨てるなんて、ちょっと考えられません。

「戦略的明確」ではなく「戦略的曖昧」を選ぶ理由

島田　中国が台湾を侵略した場合に米軍が介入するともしないとも言わない戦略的曖昧を、必ず介入すると事前に宣言する戦略的明確に変えるべきだという意見があります。かつて空挺部隊員だった強硬派のトム・コットン上院議員などが中心です。安倍首相もかつてその趣旨を論文で発表したことがあります。この方向をアメリカが選ぶなら、それは大いに歓迎すべきことだと思います。

ただトランプ陣営は、今のところ、戦略的曖昧のままで行くと言っています。バイデンのように、戦略的明確に移行したかのような発言をしながら、その都度すぐスタッフが打ち消すといった「戦略なきふらつき」が最悪で、アメリカの決意に疑念を生みかねない。

トランプの場合は、予測不能という資産がある。そうした怖さが基本にあるから戦略的曖昧で十分抑止力になり、変に戦略的明確まで行って、中国を刺激する必要はないという考えです。それでは不十分と日本から意見を言うことは可能ですが、「それなら日本も、もっと台湾防衛に軍事的に踏み込め」と言われるでしょう。

1979年、カーター政権のときに、米中国交正常化を行い、台湾とは公式の外交関係を切った。同時に、補完的手当てとして議会主導で台湾関係法をつくりました。

その後、トランプ政権の2018年に、これまた議会主導で台湾旅行法を成立させた。一見、牧歌的な名称ですが、この法の肝《きも》は、軍人同士の交流を公式に認める点にあります。だから中国が強く反発しましたが、それが逆に米議会の反発を呼び、全会一致で通過しています。すぐにトランプ大統領が署名して成立した。

バイデン時代の2022年暮れに、これまた議会主導で台湾抵抗力強化法を成立させました。これは、米台合同軍事演習を認めるところまで踏み込んでいます。

ただ、いつも積み残されるのが、本格的な対中金融制裁の枠組です。一度、「台湾政策法」という名で、民主党の上院外交委員長が中心となって超党派で出された法案に、中国の有力銀行をすべて実名で列挙し、台湾を海上封鎖で圧迫した場合は金融制裁を発動するとの項目が盛り込まれましたが、結局削除され、それが先ほど述べた台湾抵抗力強化法となりました。

第1期トランプ政権時に、香港の自由を中国が完全に奪う挙に出たとき、アメリカは、中国本土と区別して与えていた香港ビジネスに関わる特別優遇措置をすべて撤廃する制裁措置をとりました。しかし案にのぼった金融制裁は結局外されました。

当時のポンペオ国務長官が回顧録に書いていますが、「中国共産党の資金洗浄」機関として香港経由のドル取引を取り仕切っていたＨＳＢＣ銀行を制裁対象に含めようとしたところ、ウォールストリートの巨大金融機関群と財務省が「アメリカ経済を傷つける」と猛反対して、結局つぶされたとのことです。

トランプ政権においても、金融制裁のハードルは高かった。逆にそこまで踏み込む展開になると、中国共産党体制の崩壊まで視野に入る非常に大きな話になると思います。私個人としては期待しています。

安倍さんがインプットした情報と基本姿勢をベースに

島田 ここで「拉致問題」に移りたいと思います。トランプ政権の北朝鮮政策がどう展開するかは、言うまでもなく、日本にとって最大関心事の一つです。

トランプ政権の大戦略としては、まずウクライナ戦争を早期に停戦させる。そのうえで、中国、ロシア、イラン、北朝鮮の「新・悪の枢軸」に硬軟両様の手段を用いて、分断を図っていく。

イランに対しては、政権崩壊を視野に制裁を最大限引き上げる。マクシマム・プレッシャーですね。

中国に関しては、先ほど話が出たように、軍事的にはアメリカ側から刺激するのを避けつつ、経済面では圧力を強化し、特に最先端テクノロジー分野ではサプライチェーンから締め出す。

ロシアについては、中国と引き離すため、できるだけ自由主義陣営に引き寄せる。トランプは従来から、プーチンとは相互に利益となるディールができると見ています。習近平と違い、プーチンに「主敵」という言葉を使ったことはありません。

金正恩とは、気の合う友達のふりをして、まずはおとなしくさせておくのが基本になると思います。

そのうえで、北朝鮮とも一定のディール（取引）を目指す可能性がある。北がアメリカに届く長距離ミサイルの開発配備を止め、ウラン濃縮施設を閉鎖するなら、制裁を解除し、食糧など「人道支援」を行い、インフラ整備に協力する、ただし、インフラ整備の資金はアメリカからは出ない、日本と韓国に出させるというものです。

日本に届く中距離核ミサイルが残るのにインフラ整備に協力させられるディールは、「日本への裏切り」とも見えます。

しかし拡大核抑止理論に基づけば、「アメリカを射程に収める核ミサイルが廃棄され、米本土が安全になることで、アメリカは日本が攻撃された場合、安心して核のボタンを押せるから日本にとってもプラス」という論理は間違ってはいない。

拡大核抑止すなわち「核の傘」とは、そうした倒錯した世界です。日本が独自の核抑止力を持たない以上、「倒錯しているが正しい論理」に逆らえない。

そこで、拉致問題の位置づけが重要になります。日本としては、上記の拡大核抑止論は受け入れるにしても、食糧支援やインフラ協力の絶対条件は拉致問題の解決です。拉致被害者が北朝鮮に残る限り、支援などあり得ない。ここをアメリカ側に、繰り返し明確にしておく必要があります。

第1期トランプ政権のときは、安倍首相がトランプ大統領に対し、そのあたりを誤解の余地なくインプットしていました。トランプは金正恩にこう伝えたと聞きます。「包括ディールに応じれば北朝鮮には経済発展が待っている。ただし米議会は人権問題に厳しく、開発資金は日本からしか来ない。しかし拉致問題を解決しない限り、日本も動けない。そのあたり、安倍と腹を割ってしっかり話し合え」

日本政府はこの線をベースに、第2期トランプ政権と意思疎通を図るべきです。トランプも、拉致問題の詳しいことは知らない。日本政府が、とりあえず「連絡事務所」の設置でよいといった印象を与えれば、その線のディールということにもなりかねません。

石破首相は、以前の文在寅韓国大統領みたいなもので、北朝鮮に対してどこまで降りるか分からない。家族会も大いに不安を持っています。

私は「西岡力・救う会会長を首相補佐官に起用し、日朝首脳会談の場にも同席させよ」と主張しています。騙せない相手がいるとなると、北も安易な欺瞞《ぎまん》工作には走れない。朝鮮語に堪能な西岡氏は、相手のひそひそ話も理解できます。人事は政策。世論の圧力で飲ませたいと思います。

アメリカの国益にとってもプラスとの認識が浸透中

古森 まず、バイデン政権のときは北朝鮮政策はどうだったかというと、政策そのものが不在でした。

彼らの先輩に当たるオバマ政権のときは、「北朝鮮の非核化」という建前で対処した。しかし現実には、何もしなかった。オバマ政権自体が、その北朝鮮政策を「戦略的忍耐」と呼んでいました。その内容は何かというと、とにかくじっと我慢する。でも結局、何もしなかった。それに代わってトランプ政権が出てきて、今度は逆転するように「炎と怒り」という標語の強硬政策に変わったのです。

次のバイデン政権のときは、何もしなかった。バイデン政権の中にいたスーザン・ライスという民主党系の学者官僚は「北朝鮮の非核化は諦めて、核保有国として認めよう。そのうえで、軍備管理的なことをやればいい」という意見をニューヨーク・タイムズに発表しました。これはトランプ政権のときだったけれど、トランプ政権その他が、猛反論した。「とんでもない！」と。

　繰り返しになりますが、トランプ政権下では北朝鮮の問題を語るときには、必ず軍事オプションが出てきたのです。もし北朝鮮が言うこと聞かない場合には、軍事攻撃もあるのだという圧力です。北朝鮮が万が一、韓国への全面攻撃に踏み切っても米韓軍にはそれに対する効果的な対応があるのだ、という宣言でもありました。その極端な可能性として、金正恩の首を取るという斬首作戦までが語られました。そういう方法まであるのだ、とね。だから金正恩は、これに慌てふためいて、とにかくトランプに「会ってくれ」と懇願したわけです。それで首脳会談が実現したのです。

　でもバイデン政権になったら、とにかく北朝鮮に関しては何の動きも出なくなってしまったわけです。結果として戦略的忍耐に戻ったのでしょう。核開発防止をやめて、もう核保有国として認めてしまう方向に事実上、動きかけていたのではないか、と感じさせられるようになりました。

　では次期トランプ政権になったら、どうか。いわゆるＣＶＩＤという核核兵器の完全な、検証可能な、不可逆的な、破棄という目標は下げないでしょう。それを梃子《てこ》にして、いろいろな形で北朝鮮から譲歩を引き出すのではないか。その可能性の一つが

「拉致被害者の解放」です。

つい先日も東京で拉致問題の国民大集会があって、横田早紀江さんとか、息子の拓也さんとかが来られていた。それから、有本明弘さんという最年長の96歳の男性が「トランプさんがやってくれたことについては、非常に感激、感動、感謝しています。膝を交えて語ってくれました」と発言しました。有本さんは娘の恵子さんが北朝鮮に拉致されています。被害者家族では、いま最年長の人物です。

その有本さんがトランプ大統領あてに感謝の手紙を出したら、ちゃんとトランプは返事をくれたそうです。トランプはさらにアメリカ大統領として国連の総会という、最も世界の多くの人が注目する場で演説をして、日本人の拉致問題を提起しました。横田めぐみさんの悲劇を述べてくれた。そのときに、めぐみさんを指して「13歳のスイートな少女」と表現しましたね。スイートとは「優しい」という意味でした。

だから、２期目のトランプ政権は間違いなく拉致問題に踏み込んでくれるのではないかと私は見ています。アメリカ第一政策研究所の人たちも、これは島田さんの「救う会」副会長としての長年のご努力の結果があって、拉致問題への協力が日米関係を良好にするために不可欠だという認識が浸透している。アメリカ側の国益とか実利的な観点から見ても、拉致問題でアメリカが日本に協力していくことは非常に重要だし、アメリカ側にとってもプラスになるのだという認識は強いのです。それに人道主義という観点からの日本への協力というのは、アメリカ側での言わすもがなの大義名分です。

ただ、日本が当事国だから、日本が独自に最大限の努力を続けねばならない。この基本は動かないですよね。

第6章
安倍晋三亡き後の日米関係は、どうなる？

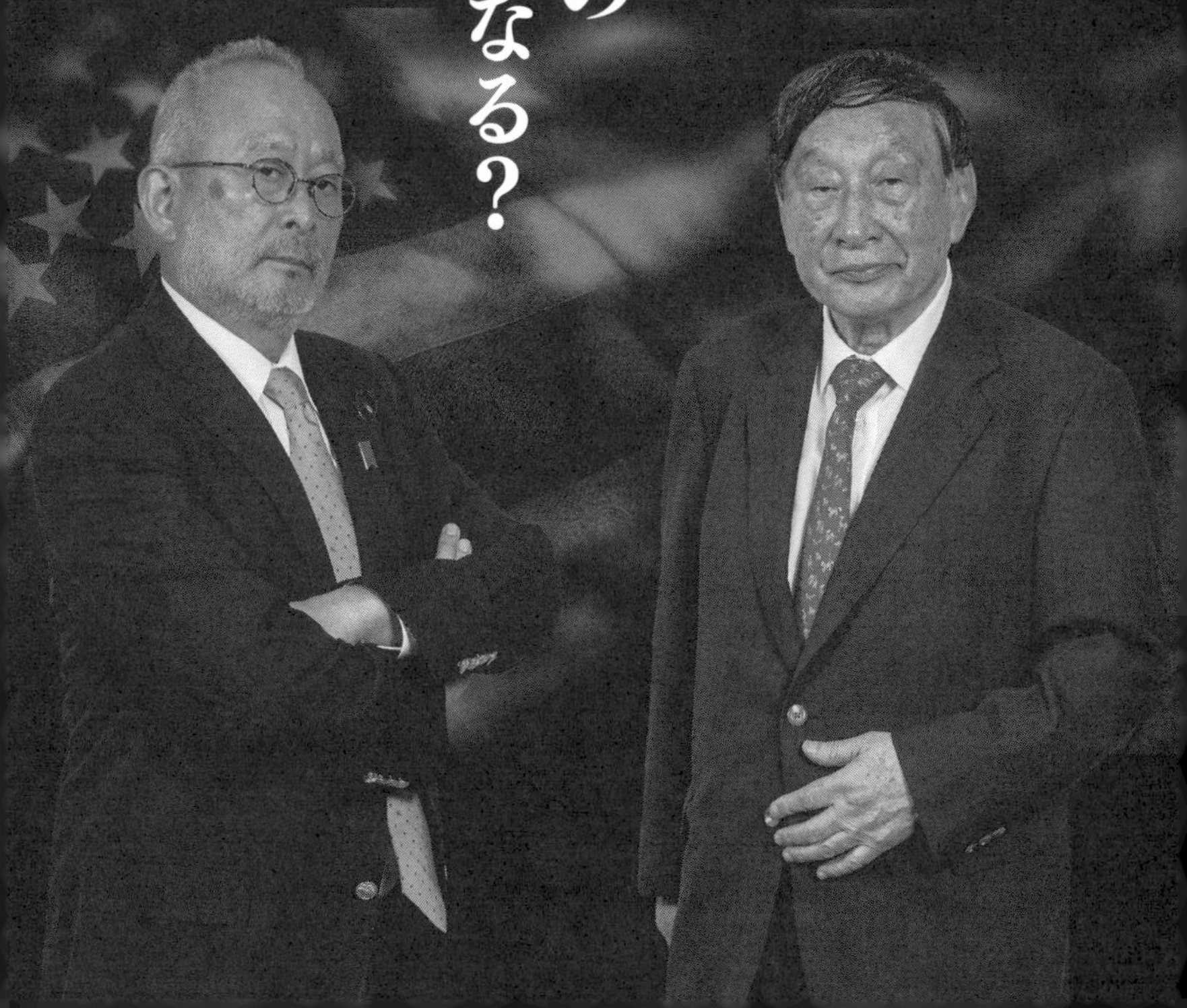

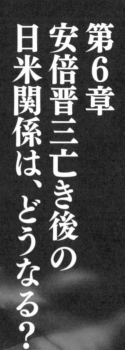

安倍さん個人を超えて日米同盟の重要性が認識されている

島田　安倍・トランプの信頼関係は、安倍さんが朝鮮半島危機の際、米軍後方支援の意思を明確にし、海上自衛隊による米艦防護のような実際的行動まで踏み込んだことが大きかった。危機に際して共にあるという姿勢です。その安倍さんが、もういない。日米関係は大丈夫でしょうか。

古森　私は、安倍さんがいないから日米関係は悪化するとは、あまり思いません。

確かにトランプの日本に対する態度の形成では、安倍晋三という人物が果たした役割は非常に大きい。この点、私は安倍元首相自身も含めて多数の日米関係者たちから直接話を聞きました。トランプはとにかく安倍さんと会いたい、一緒に時間を過ごしたい。大好きだったのです。安倍元首相がトランプに「あなたはニューヨーク・タイムズと戦って勝ったけれど、私は朝日新聞と戦って勝った」などと語って、トランプが喜んだという話も私は安倍元首相から直接に聞きました。だからトランプが心を開いたという解説がありますが、それは枝葉のことでしょう。

トランプの心を捉えたのは安倍が体現していた世界観、インド太平洋構想、中国に対する姿勢などだと思います。こういう諸点で、トランプが何となく考えてきたことと一致したということでしょう。東アジア、中国、インド太平洋については、間違いなく安倍のほうの知識が深かった。それをトランプが吸収し、日米同盟の堅持や強化という構想へと発展させていったといえます。

しかしそれを超えて、トランプ陣営、トランプ支持層には年来、日本との同盟を重視する傾向が強かったとも言えます。アメリカの保守派は、一貫して日米同盟の堅持です。民主党政権では、貿易問題での日本への不満から安全保障面がやや後退するという傾向がありました。しかし共和党政権はレーガン政権に象徴されたように、経済と安保とは別だとして、貿易摩擦の悪化を防衛面の日米協力には飛び火させないという基本姿勢がありました。経済と防衛の間には防火壁を設けるという配慮でした。

トランプ自身、そしてトランプ陣営にも、日本との同盟は非常に重要で、アメリカの国益にとって欠かせないのだという認識が強い。この点はアメリカの保守派一般、共和党の伝統と言える日本への同盟意識，友好姿勢の反映でもあるでしょう。いずれにしても第2期トランプ政権でも、対日同盟の堅持と強化という基本姿勢は変わらないはずです。現に、アメリカ第一政策研究所がまとめた次期政権の対日政策では「日米同盟はアジアでの礎石《そせき》」という言葉を使っています。cornerstoneだと。「グローバルにも優先される同盟だ」とも強調されています。

トランプ政権のインド太平洋政策では日本へのそういう重視があって、早い話、誰が総理大臣であっても、基本は変わらないと言えます。日本国というものの存在が、今のアメリカにとっては重要だということです。この種の日米同盟重視というのは、民主党バイデン政権でもほぼ同様だったと言えます。日米同盟の堅持というのはアメリカの国政では民主、共和両党のコンセンサスがあるのです。ただし民主、共和両党ではその具体的な対日政策には濃淡の差、比重の置き方などの差があります。

トランプ次期政権下での日米関係には、潜在的な課題もあります。それは、トランプ陣営側の「日米同盟の堅持プラス強化」の「強化」という部分です。ここに一つのカギがあるのです。日本がもっとやってくれたほうがいいという認識がトランプ政権にあるからです。

日米同盟の強化ですから、その米側の期待は同盟関係での日本側の寄与の増大ということになります。具体的には、日本の防衛費のさらなる増額、在日米軍の駐留経費の日本側負担の増額、ひいては日米同盟の片務性を減らすための日本側の集団的自衛権制約の緩和、終局的には日本の憲法改正による集団的自衛権の通常な行使などという目標です。トランプが２０２０年の選挙キャンペーン中に「アメリカは日本を守るが、日本はアメリカを守らなくてよいのは不公平だ」と述べたのは、いわば本音だったと言えましょう。しかし実際に大統領だったときには、そんなことはまったく述べませんでした。

だから、こうした点の期待を日本側に公の場でどんどん出して、日本にプレッシャーをかけてくるということは第2期トランプ政権はおそらくしないでしょう。第1期政権のときはそうでした。せっかくうまくいっている今の日米同盟を、あえてリスクを冒して、揺るがすような危険を冒したくないという政治配慮からだったと思います。第2期でもおそらく同様でしょう。

国民レベルではアメリカでの日本の好感度は上がっている

古森　そもそも近年のアメリカでは、国民一般に日本に対するよい感情や思考がありま す。一般人のレベルでも、日本は非常に信頼のおける、アメリカにとって貴重な、好感の持てる、よい国だという認識が本当に広まっています。私自身アメリカ各地に出かけて、いろいろな人に会って話すと、そうした日本への好感情をいつも体験します。ちょっと美しき誤解というか、あまりにも日本の実態を過剰に、よいほうに考え過ぎているのではないかと思えるほど、日本へのよき認識、よき感情なのです。この好感情には現実に基づく、当然だと思える部分も多々あります。

それらの理由を、うがった部分からまずあげてみましょう。

まず考えさせられるのは、アメリカ人の心の中での中国との比較です。日本や中国を訪れるアメリカ人は昔は中国だけ、あるいは日本だけ、という個別の場合が多かった。しかし最近では、日本と中国を同じ旅行で同時に回るという例が圧倒的に多いのです。すると自然と、日中両国の違いがアメリカ人側にはっきりと映るわけです。

この日中比較は環境の清潔度、市街地での公衆のマナー、電車や航空機の動きの正確さや安全性など広範囲にわたります。その結果、アメリカ人側には「日本と中国とはまったく異なる国であり、日本がアメリカの側に類似している」というコンセンサスのような総括が生まれるのです。そんな感想を私は数えきれないほど聞きました。なにしろ日中両国を観光などで訪れるアメリカ人の数は驚異的に伸びています。新型コロナ大感染の二、三年の期間を除いて、右肩上がりです。そしてその人たちが心の中の日中の違いを実感するのです。

さらに、もっとずっと明確で規模が大きいのは、日米同盟、つまり日米安保条約の結果、在日米軍で勤務する人たちの実体験です。アメリカ側では日米安保による日本駐在のアメリカ軍将兵とその家族はもう数百万という巨大な人数に達しています。

その人たちが2年とか3年という在日体験を終えて帰ってくると、大多数が「日本はすばらしい国だった」という感想を述べるようになります。私自身、その種の総括を何人から聞いたか、数えきれません。社交辞令が入っているにしても、日本はよい国だ、日本人は親切だった、という好感を述べる人たちが圧倒的に多いのです。

もう少し近い例では、JETプログラムという日米交流計画があります。日本政府が始めた国際計画で、正式名称は「外国青年招致計画」といいます。この計画の下でアメリカからは毎年2000人ぐらい4年制の大学を卒業したばかりの男女が日本に来て、各地の、主として公立学校で英語を教えるのです。県や市という地方自治体で英語のからむ国際業務にかかわる例もあります。その期間は最小限2年ですが、5年まで延長できます。

この交流を終えてアメリカに帰ってきた多数の男女に感想を聞く機会を得ました。すると、圧倒的な多数が不思議なほど、日本はよかったと賞賛するのです。社会も住民も環境も、すべて快適で楽しかったと、文字通り絶賛するのです。そして当初の2年という期限を延長する人が多数派であることも知りました。この日本への好意は一体、どこから来るのか、私はいろいろと考えさせられました。しかしその結果、結論は客観性に欠けるかもしれませんが、日本はやはり国際基準でも、よい国、住みやすい国、快適な国だからだ、という総括となりました。

印象に残るJETプログラムの女性研修生の実例がありました。バージニア州出身の当時、24歳、宮城県の石巻市の公立小学校での英語教師をしていました。この女性は東日本大震災の２０１１年3月11日、大地震の直後に自分の生徒たちをみな帰校させ、自分も自転車で帰宅しようとした途中、津波に襲われました。しばらく日にちが過ぎてから遺体が見つかりました。

この女性の両親はバージニア州のワシントンに近い地域に住んでいたこともあって、私は訪れ、娘を異国で失った親の悲しみを聞いて、記事にもしました。母親は娘のアンダーソンが実はＪＥＴの要員としての当初の２年間の期限が過ぎて、３年目の延長を自分からしていたことを告げました。

私がつい「なぜ延長したのですか？　２年間で予定通り帰ってくれば災害に遭わなかったでしょうね」と問うと、両親ともまさにそのような疑問を抱きながら現地を初めて訪問したそうです。そして母親が述べました。「石巻で一日を過ごし、娘が接していた人たち、住んでいた環境などをこの目で見たら、すぐにアンダーソンがなぜこの地にもう少し長くいたいと思ったのか、よくわかりました」と。石巻はよい町であり、日本はよい国なのだ、という例証でしょう。

日本はアメリカの期待に応える準備ができていない

古森　さて、その一方、別な次元での懸念もあります。アメリカの政府や議会での最近の日本への好感は、日米同盟の強化への日本側の意欲の高さを歓迎する結果という側面があります。とくに台湾有事でのアメリカ側への日本の積極的な協力姿勢が、米側の国政レベルで喜ばれているのです。ところが現実には、その米側の期待が「美しき誤解」ではないか、という点なのです。そこが懸念の的なのです。

アメリカでは、中国の軍事行動に深刻な注視が向けられています。近代の歴史でも珍しいほど大規模な軍事力増強を続ける中国は、台湾をその軍事力を使ってでも併合するという基本方針を「核心的な国家目標」としています。こんな動きに対してアメリカは最悪の場合、米軍を直接に投入して台湾を防衛するという構えを崩していません。

米軍の介入の有無は公式には曖昧にしたまま、という「戦略的曖昧性」についてはすでに説明してきました。アメリカ歴代政権は、台湾をめぐる中国との戦争は現実の可能性の範囲内に入れてきたと言えます。

そんな状況のなかで、近年のバイデン政権でも、トランプ政権でも台湾をめぐる米中の軍事衝突、つまり台湾有事ではどの同盟諸国がどこまで協力してくれるかに重大な関心を向けています。そんななかで日本に対しては、「危険を冒しても必ず米軍を支援してくれるだろう」という期待が高いのです。政府レベル、政策担当者レベル、議会レベル、いずれも日本の自衛隊の台湾有事への参加までを日本側が実行してくれると考えていると見ていいでしょう。

では、なぜアメリカ側がその種の予測や期待を抱くにいたったのか。それは日本の歴代首相、とくに菅義偉、岸田文雄という両首相がいずれもワシントン訪問での米側との一連の会談で、日本が台湾有事での米軍に全面協力するように受け取れる言明を重ねたことによります。広い意味では安倍晋三元首相の一連の言明も、そうした効果を生んだと言えます。

ところが日本国内での現状は、どうでしょうか。台湾有事で日本が米軍にどんな協力をするのか。国会でも政府レベルでも具体的な議論はまったくありません。国民レベルでも同様です。日本政府として台湾有事へのどんな政策があるのか。この点もまったく不明です。アメリカ側のいまの高い期待を、日本が果たせるとは思えません。

日本は、現状では理論的には台湾有事に対してアメリカに在日米軍基地を使わせないという態度を取ることもできるわけです。野党の一部からは必ずそういう主張も起きるでしょう。アメリカ側の関係者に、もし日本がそんな対応をしたらどうなるか、と質問したことがあります。彼は即座に「それは日米同盟の終わりを意味する。終わりだ」と答えました。こうした点での日米間の認識や現状の違いを認めることは、超重要です。

しかしいずれにせよ、トランプ政権はとにかく、日本の総理大臣が誰であろうとも、基本的な日米同盟の堅持と強化という路線は変える気配はありません。もっと日本の負担増を望むということは、全体としては日米同盟をより強くすることです。だから、日米同盟を破棄するような政策は、トランプ陣営の政策でも、アメリカの継続する政策としても、出てくるはずがありません。そんな日米同盟の破棄がありうるなどと述べる日本の識者は、きわめて無責任だなと私は思います。

「安保法制の違憲部分廃止」なら「日米安保」は破棄される

島田　アメリカ海軍にとって日本の戦略的重要性は非常に大きい。例えば横須賀のドックです。巨大なアメリカの空母が入っていけて、修理や補給が受けられるドックは世界に数えるほどしかない。現在、米第7艦隊の中核たる原子力空母「ジョージ・ワシントン」が横須賀基地を母港としています。

このあたりの協力関係は密接で揺るぎない。ところが、古森さんが言われた「美しき誤解」の関連ですが、アメリカ側は日本の野党第1党である立憲民主党の愚かさを十分理解していない面がある。

例えば同党の野田佳彦代表は繰り返し、「平和安保法制の違憲部分を廃止する」と述べています。その違憲部分とはまさに、米艦防護のような部分でしょう。安倍亡《な》きあとの自民党の体《てい》たらくを見ると、立憲民主党を中心に野党連立政権が誕生する可能性もある。

もし、野田連立政権首相が、「米艦防護は憲法違反なのでやめます」などと言えば、アメリカは当然国を挙げて激怒します。米兵の命が懸かった問題ですからね。トランプ大統領が「それなら日米安保は廃棄」と宣言しても、まったくおかしくない。さすがにまずいと思ったのか、その後、野田氏は若干軌道修正しています。

「すぐに何かを変えるのは現実的ではない。政権を取って百八十度、政策転換なんてことをやってしまったら、もう国際社会からは相手にしてもらえない」（２０２４年9月2日、ＢＳフジ）

それならはっきり前言を取り消すべきだろう。日米同盟の根幹にかかわることを軽々に発言し、曖昧に誤魔化そうとする。それだけで政治家失格です。

また自民党側も、この野田発言を徹底的に叩き、選挙の争点にするぐらいでなくてはならなかった。ところが、何となくやり過ごしてしまっています。安全保障や日米安保に関して、確たる信念がないからでしょう。情けない話です。

エネルギー問題に関して付け加えれば、トランプは、アメリカはエネルギー自立を回復させたうえ、再び化石燃料の輸出国になると宣言しています。液化天然ガスのテキサスからの輸出などが柱と見込まれています。日本が積極的に輸入すればよいと思います。

テキサス州は、テッド・クルーズ上院商務委員長やマイケル・マッコール下院外交委員長をはじめ、少なからぬ有力議員の地元です。日米関係の緊密化に大いに資するでしょう。ところが日本側では与野党含めて、「化石燃料はＣＯ２を出すから、積極利用するとグレタさんに叱られる」という腰の引けたスタンスの議員が多い。

私は日本保守党の衆議院議員として、一切の綺麗ごと抜きのエネルギー政策を主張しています。テキサスから液化天然ガスをどんどん輸入すればよい。日本のエネルギー基盤の強化と同時に、日米関係の強化にもつながります。

さて、本書の担当編集者が、最後に「トランプ政権の復活は、日本にとって幸運なのか不運なのか」をズバリまとめてほしいとのことですが、古森さん、いかがでしょうか？

アメリカの保守・現実主義への回帰は日本にとって幸運

古森　日本にも、国家主権、自国第一という現実の原則があります。そのうえで、日米同盟重視という安全保障政策があるわけです。ただし、日本の国家主権のフル発揮や自国の国益の追求、さらには主権の基盤となる自国防衛の権利などは戦後の憲法により、かなりの程度、制約されています。自縄自縛の戦後レジームだといえます。

日本がこの異常な状態から脱却して、「普通の国」になるためには、トランプ政権は好材料だと言えます。トランプ政権自体が自国の主権や国益を重視し、自国の防衛は自明の理だと見なしているからです。自国の利益の優先はどの国家にとっても当然というわけです。

しかし、いまの日本にとっては中国という大きな軍事脅威がある。北朝鮮も軍事挑発を止めません。そんな軍事脅威に対して、日本は独自では抑止ができない。実効ある対応ができない。だから、日米同盟を通じてアメリカの強大な軍事力に依存しているわけです。

その日本にとっての軍事面でのアメリカの信頼性は、間違いなくバイデン政権よりも、トランプ政権のほうが強い。もしハリス政権になっていたらという想定をしても、軍事政策ではトランプ政権のほうが強固であり、同盟諸国にとっても信頼性は高いと言えます。

トランプ政権は、間違いなく保守主義です。今回の選挙ではアメリカ国民の多数派はリベラリズムよりも保守主義の継続を選択したと言えます。保守主義はビジネス面でも自由競争を強調し、政府の規制に反対します。アメリカ本来の姿だと言えるでしょう。

この保守主義の復権、あるいは拡大も他国の内部での事象だとはいえ、日本にとっても好ましい現象かもしれません。この点では、アメリカの保守主義とは何か、リベラリズムとどう異なるのか、などの基本を再認識しておく必要があるでしょう。

アメリカをこれから少なくとも2年間、統治するトランプ政権が推進するのは、疑いなく保守主義だからです。

保守主義とは、「小さな政府」という標語に集約される個人や民間の活動の重視、政府の役割の縮小、公的規制の緩和や撤廃などが柱となります。また、アメリカの伝統や歴史を肯定的に重視して、アメリカらしいアメリカを求める。対外的には介入を減らしながらも軍事力の効用を重視し、「強さ、パワーによる平和」策をとる。

一方、リベラリズムは「大きな政府」という標語の下に、民間への政府の介入や規制を重視する。貧しく弱い層への政府の社会福祉にも重点を置く。企業の活動にも制約を課す。少数民族や女性の権利をも重視する。対外的には国際協調を推し、軍事力増強には難色を示す。

リベラリズムはさらに、アメリカの歴史や伝統にも間違いがあったとの立場をとる。たとえば、初代のジョージ・ワシントン大統領は奴隷を持っていた点では悪い人だと見なす。アメリカの国の歴史では黒人差別を改めて大きく位置づけ、修正が必要だとする「批判的人種理論」（Critical Race Theory）を広範な学校で教えるべきだと主張するのもリベラリズムです。それも、小学校や中学校から。

大まかに言えば、こうした二つの思潮が競い合ってきたのがアメリカの国政でしたが、その振り子は2009年からのバラク・オバマ政権でリベラリズムの方向へ大きく傾きました。トランプ政権は、その動きへの反発として登場したとも言えます。政府の世話にはならず、自国の歴史や伝統を大切に守ろうという白人労働者層や中間層が、保守・現実主義への回帰を求めたのです。このあたりの理解は、これからトランプ政権のアメリカとつきあううえで、欠かせませんね。

島田　2025年2月が、温暖化防止パリ協定のもと、各国が今後の脱炭素目標値を出す期限とされています。日本は脱炭素の優等生と見なされるべく「野心的な目標」を立てて邁進すべきという方向で石破政権が動いています。これは自殺行為であり、日本が世界のカモになる道です。

トランプ政権は再びパリ協定から脱退します。アメリカ企業の競争力を弱めることなく、テクノロジー開発を通じたエネルギーの効率使用を自然に進めていけばよいとの立場です。

また、独裁国にも「分け隔てなく」資金を配る理念なき国際官僚機構「緑の気候基金」にアメリカ国民の税金を渡すことは許されないというのも脱退の理由です。私は日本も見習うべきと思っています。

アメリカが脱退すると、世界のリベラル・エリートたちは、「トランプはけしからん」と批判して日本に同意を求め、「アメリカが抜けて不足する資金を日本が肩代わりしてほしい」と言ってくるでしょう。日本の愚かな政治家たちは、世界のリベラル派から褒められようと、これを進んで受け入れる可能性があります。とんでもない話です。

私は逆に、この機会に、日本の政界は、脱炭素原理主義イデオロギーからしっかり脱却すべきだと思っています。

トランプ政権で、実業家のイーロン・マスクとともに「政府効率化省」を率いるインド系の若手論客ビベック・ラマスワミは、反ＥＳＧ（環境・社会・ガバナンス）を掲げる投資管理会社を立ち上げ、成功した人物です。投資効率を無視して「脱炭素事業」に投資を誘導する左翼的なＥＳＧと、全面対決する姿勢を明確にしています。

トランプ陣営はまた、工場で生産して運搬、設置するタイプの小型原子炉（小型モジュール炉）を将来のエネルギー確保の柱にするとも宣言しています。

日本政府や経済界も、グレタさんに跪拝《きはい》するのではなく、原発の再稼働、新増設を進め、最新型の石炭火力発電所を積極展開するなど、安価で安定的な電力の供給に本腰を入れなければなりません。電気代が上昇一途の状態で経済活性化などあり得ません。

安倍元首相は、自民党の「最新型原子力リプレース（建て替え）推進議連」の顧問を務めるなど、その点で積極姿勢を見せていました。２０２０年夏の参院選後には活動のギアを上げていたはずですが、凶弾に斃《たお》れ、果たせませんでした。私が属する日本保守党は、安倍さんの遺志をさらに数段ギアアップした形で受け継いでいくつもりです。

古森　それは心強い。島田先生、頑張ってください。

「ウクライナ戦争停戦」も日本にとって幸運

島田　トランプ政権は外交面で日本に幸運をもたらす政権だと思います。日本がしっかり対応し、機会を生かせればですが。

　トランプは、腰の弱いバイデンの態度がロシアのウクライナ侵略を誘発したとの立場をとっていて、「自分が大統領になれば、24時間以内に戦争を終わらせる」と公言してきました。

　まずプーチンに対し、「停戦に応じないなら、ウクライナにさらに攻撃的兵器を供与することになる。議会はそのための予算を通している」と圧力をかけるとしています。他方、ウクライナのゼレンスキーにも、「ロシアが停戦を受け入れる場合、ウクライナも応じるべきで、嫌だというなら支援を停止する」としている。これが、「トランプ調停」の基本的な構図です。

ロシア・ウクライナ戦争が続く限り、ロシア・中国・イラン・北朝鮮という「新・悪の枢軸」が連携を強めます。これは自由主義陣営にとってマイナスです。侵略したロシアが悪いのは論を俟《ま》ちませんが、だから言われるままに漫然とウクライナに支援を続けるという日本の政界一般の態度は、局所に囚われて全体を見ないものです。

北朝鮮がロシアの傭兵になる代わりに物資を受け取る状況が続く限り、拉致問題の進展もなかなか望めない。岸田前首相は最後まで日朝首脳会談の実現を模索しましたが、ロシアとの関係密接化で余裕を持った北朝鮮がハードルを上げてきて、結局、断念に追い込まれました。

ウクライナ停戦となれば、ロシアは北朝鮮兵を土木作業員として使おうとするかもしれませんが、戦闘員のときほどの見返りは出さないでしょう。プーチンは冷酷な帝国主義者ですから、北朝鮮に無償で恩恵を施すようなことはしない。平気で使い捨てにします。

トランプ、プーチンのコンビは、自国第一の合理主義でディールを結ぶ方向に行くと思います。中国を締め上げて、ロシアを引き寄せるというトランプ戦略は、私は正しいと思います。その動きを日本の国益増進のために活用するしたたかさが日本外交に求められるのではないでしょうか。

古森　トランプの大戦略は、正しいと思いますよ。「トランプは戦略なんか何もない」と決めつける人が散見されますが、まったくナンセンスだと私は思います。

おわりに

古森義久

本書は、ドナルド・トランプという近代の世界の政治史でも珍しい特別な人物の実像をできるだけ客観的に、現実のままに日本の読者に伝えようという試みである。同時に、日本側の主要メディアや識者、専門家とされる人たちが振りまいたトランプ氏についての誤報や虚報を指摘して是正することをも目的とした。

トランプ氏はいうまでもなく、超大国アメリカの大統領を二回にわたって務める超重要な政治指導者である。その言動や政策は世界情勢を大きく動かす。同時に日本にとっては、自国の安全保障を依存する同盟相手国の最高指導者である。そんな指導者の実態を正確につかんでおくことは、日本にとっては国運にかかわる重大事である。だが、あまりに不正確なデマやプロパガンダ、ゆがみ情報が横行した。

「トランプは日米同盟を破壊する」「トランプは民主主義の敵だ」「トランプはアメリカ政

治では最大の敗者だ」――こんな虚構の断定が、日本のアメリカ通とされる人たちによって拡散された。

トランプ氏が民主的な大統領選挙で圧勝した後でも、「トランプは独裁者だ」「トランプは歌を忘れたカナリアだ」などという悪口雑言が根拠もないまま主要新聞の評論頁を埋めた。

本書ではこうした虚構の情報をなぜ虚構であるかを証明し、そのゆがみの構造や原因を探ってきた。

この探索と是正の作業を共同で進めてくれた同志は福井県立大学の名誉教授で、このほど衆議院議員となった島田洋一氏である。私にとっては畏敬《いけい》する長年の友の島田氏は、学者らしいアカデミックな分析と一般向けの平易で明快な表現を組み合わせて主題に切り込む、稀有《けう》のアメリカ政治通である。

島田氏も私もアメリカ国政全体を俯瞰《ふかん》しながら、とくにトランプ陣営の実態とその基盤となる保守層の現状の研究に努めてきた。トランプ陣営については、トランプ氏と直結するワシントンの大規模なシンクタンク「アメリカ第一政策研究所（ＡＦＰＩ）」の活動に関心を向けてきた。その研究所の発表する政策を点検し、そしてその政策をトランプ氏と直接に連携しながら作成した支援スタッフたちと会話してきた。そのスタッフたち、つまり各分野での専門家たちは、つぎつぎとトランプ新政権に登用されていった。

このＡＦＰＩはトランプ陣営の動向を知るには最も重要な情報源だったが、日本側のメディアや識者の多く、そしてアメリカ側の民主党びいきの大手メディアも、ほとんど取材の対象にしていなかったことを後で知った。偏向や虚構の構図の原因はここにもあった。

そして島田氏と私は、本書でトランプ氏が第四十七代のアメリカ大統領として現実にどんな施策を進めていくかを報告した。ホワイトハウスに一月二十日から戻るトランプ氏がアメリカをどう変え、世界をどう動かしていくのかを、できるだけ具体的に予測してみた。その結果、日本にとってもどんな波が押し寄せるのかをも予測を試みた。

その予測の総括をここで改めてまとめるならば、アメリカ国内は国境警備の再強化などにより治安や秩序を取り戻し、世界は反米勢力への抑止力の復活により安定へ向かい、日本は自国の安全保障により前向きな「普通の国」へと前進する――ということであろう。

とはいえ、以上はすべてがトランプ政権の政策意図通りに物事が順調に進めば、という予測である。物事が順調には進まないのが現実の世界だという哲理も、いまの時点で強調しておく必要もあるだろう。

なお、本書の企画を鋭い感覚で進めて下さった「かや書房」の岩尾悟志氏と白石泰稔氏への謝意を改めて強調したい。

２０２５年１月

島田洋一 × 古森義久

「トランプ復活」で
世界は激変する

2025年2月7日　第1刷発行

著　者　　島田洋一×古森義久

発行人　　岩尾悟志

発行所　　株式会社かや書房

〒162-0805

東京都新宿区矢来町113　神楽坂升本ビル3F

電話　03-5225-3732（営業部）

印刷・製本　　中央精版印刷株式会社

ISBN978-4-910364-67-4　C0031